www.tredition.de

AF197862

Carlaria Silverlining

Zu Unrecht

Ein Kind der 80er berichtet von
seinem gutbürgerlichen Leben

www.tredition.de

Verlag & Druck: tredition GmbH, Halenreie 40-44, 22359 Hamburg

ISBN
Paperback: 978-3-7497-7546-0
Hardcover: 978-3-7497-7547-7
e-Book: 978-3-7497-7548-4

Inhalt

Vorwort

Ein weiser Mann sagte mir einmal, dass viele Menschen versuchen, ihre Geschichte zu Ende zu erzählen, und wenn sie dabei scheitern würden oder keinen Anklang fänden, sie stets dazu verdammt seien, wie Sisyphus den Stein ihres Lebensschicksals einen Berg hinauf zu rollen und immer von Neuem anzusetzen mit dem Ziel, ihre Lebensgeschichte zu Ende zu erzählen. Sie seien dazu gewissermaßen verdammt, keine Heilung oder Erleichterung zu erfahren, denn solange die Geschichte nicht zu Ende erzählt ist, müssten sie stets an einer neuen Adresse von vorne beginnen.

Meine Geschichte handelt von Unrecht und Doppelmoral, wobei ich als Zeitzeugin der 80er Jahre trotz langer Therapie noch nie die Möglichkeit hatte, meine Geschichte zu Ende zu erzählen. Schon alleine das ist ein Unrecht! Doch diesem wird durch die bevorstehende Zeitreise Abhilfe geschaffen. Sicher fällt mir dies nicht leicht und ja, dem Leser wird auch einiges zugemutet, doch ich „oute" mich und nutze diese Plattform als Befreiungsschlag aus einer Geschichte, die mich in den Wahnsinn trieb.

Wer oder was bin ich heute? Ich bin eine psychisch „kranke", kunst- und literaturinteressierte EXIN-Genesungsbegleiterin und weiß durch meine Arbeit in der Psychiatrie, dass dieser Steckbrief – bis auf das EXIN-Genesungsbegleiterzertifikat, das ich mir erarbeitete habe – für viele Menschen, ob mit oder ohne eine psychiatrische Diagnose, zutrifft. EXIN Genesungsbegleiterin sein zu dürfen ist für mich eine große Ehre und auch wenn diese Tätigkeit leider noch nicht im Gesundheitswesen als Beruf mit entsprechender Bezahlung anerkannt ist, erfüllt sie mich. Ich gehe als meist stabile Person mit einer speziellen einjährigen Weiterbildung zu Menschen in Lebenskrisen und begleite sie mit meinem reflektierten Erfahrungswissen und einem ausgeprägten Interesse an ihrer Biographie. Meine Vorgehensweise zeichnet sich dabei durch professionelle Nähe aus, die – anders als die Distanz der Profis um mich herum – den Patienten am besten das Gefühl geben kann, nicht alleine zu sein.

Meine Diagnose besteht heute aus eine schizoaffektiven Störung und einer abklingenden posttraumatischen Belastungsstörung. Schizoaffektiv meint eine Mischung aus einer Störung aus dem schizophrenen Formenkreis und einer manisch-depressiven Erkrankung, die bedingt durch die Schizophrenie auch wahnhafte Züge annehmen kann. So höre ich gelegentlich Stimmen und in Akutphasen mischen sich bei mir eher typische schizophrene Phänomene wie Stimmenhören und das Wahrnehmen von Selenwanderung oder Ähnliches mit einer ausgeprägten Euphorie mit Größenphantasien. In dieser Geschichte werde ich mich – nachdem ich Einblicke in meine Biographie gewährt habe – auf die Dynamik meiner ersten Psychosen konzentrieren.

Wenn ich „normal" bin, klingen Wahnerleben und Größenphantasien ab, wobei eine sich anschließende Depression möglich ist, die Jahre dauern kann.

Ich war nie eine sogenannte „Drehtürpatientin" gewesen, sondern eher eine der „Braven", die nur manchmal „ausflippen", aber immer nach Anweisung ihre Pillen schlucken und meist alles daransetzen, stabil zu sein. Trotz meiner vordergründigen Angepasstheit merke ich in meiner Arbeit, dass ich zu Recht behaupten kann, dass mir viele „Fahrwasser der Psyche" bekannt sind. Dies liegt daran, dass ich nun – seitdem ich mich in die Hände von Psychiatern begeben habe – 20 Jahre mit verschiedensten Phänomenen und Diagnosen von unserem deutschen psychiatrischen System begleitet wurde, und auch daran, dass ich Pädagogik mit einem deutlich psychologischen Schwerpunkt studiert hatte, bevor ich Genesungsbegleiterin wurde. Auch im Wahn habe ich mich stets mit psychologischen Fragestellungen beschäftigt. Doch ich „oute" mich erst seit 3 Jahren mit dem Thema, dass ich psychisch krank bin. Davor habe ich stets versucht, es zu verbergen, da man in unserer Gesellschaft deshalb meist stigmatisiert wird. Ich lebe in einem Haus mit Mann, Kind, Hund und Katze und genau genommen ist meine Erkrankung nur ein kleiner Teil von mir. Doch wie schnell wird man in unserer deutschen Gesellschaft aussortiert, wenn man die Realität manchmal anders als andere wahrnimmt. Genau vor diesem „Aussortiertwerden" hatte ich früher eine riesige Angst. Ich riskiere hier wie anderswo mit meinem Outing, nach wie vor stigmatisiert zu werden. Sie könnten diese Geschichte unter dem Aspekt der Verrücktheit lesen und mich als unverständlich oder das Ganze als eine Sammlung von Lügenmärchen abtun, doch dass „I am what I am" für mich wahr geworden ist, hängt nicht vom Urteil des Lesers ab. Zu Unrecht wurde und werde ich stigmatisiert und zu Unrecht durfte ich meine Geschichte noch nie zu einem Ende bringen und dem setze ich nun ein facettenreiches Zeitzeugnis entgegen.

Die Bilderbuchfamilie

Ich bin als einziges Mädchen und Nesthäkchen in meine Familie geboren worden. Alle spiegelten mir, dass nur ich etwas Besonderes sei (doch heute denke ich, dieser Status sollte jedem Menschen zukommen!) und dass ich ein Wunschkind sei. Im direkten Wiederspruch hierzu steht, wie dann doch im Rahmen meiner Therapie mein schlimmstes Trauma in Form eines stechenden Schmerzes, Tränen und Panik meinen ganzen Körper erfüllte: das reale Trauma, nicht geliebt worden zu sein. Dieses Trauma ist wahr und steht der Lüge des Geliebtwordenseins gegenüber. Klar, man könnte sagen, es kam mir nur so vor, nicht geliebt worden zu sein. Doch keiner sah meine Not! Ist das Liebe und Empathie?

Damals sah ich das nicht. Ich schützte mich als Kind mit der Illusion, die um mich gestrickt wurde, die Illusion der Liebe, die sich konkret durch nichts als Konkurrenz, Rollenverschiebungen und daraus resultierenden Missbrauch und Neid sowie daraus resultierende Aggressionen und nicht zuletzt durch Zwanghaftigkeit, die in sado-masochistischen Abhängigkeitsverhältnissen endete, zeigte. Doch ein Kind kann

nicht anders: Es liebt die Familie, in die es hin-
eingeboren wird, und so war es auch bei mir.
Diese Liebe, die ich empfand, war bedingungs-
los. Sie war vergleichbar mit der Liebe einer Mutter. Denn meine Brüder und meine Eltern waren
für mich stets orientierungslose Kinder, für die
ich da zu sein hatte. Und nein, auch wenn alle
Missstände aus meiner heutigen Perspektive Bestand gehabt hatten – nach außen wirkte unsere
Familie wie eine glückliche Familie mit einem im
Beruf erfolgreichen Vater und einer berufstäti-
gen Mutter sowie einem Haus und einem Kindermädchen und einem Hund.

Dass für mich in der Pubertät Lieder wie „Run
a way train, never coming back" oder „I want to
break free" ziemlich genau das trafen, was mich
beschäftigte, war neben einem großen, selbst ge-
malten „Nirvana"-Schriftzug und den unzähli-
gen Lucky Strike-Werbungen, die ich sammelte,
gemeinhin das, was man damals unter „Pubertät" verstand. Und auch meine roten Dr. Mar-
tens, die ich mir auf einem Flohmarkt gekauft
hatte, sowie mein Arafattuch, die bunten Haare
und die Maus im Halstuch fielen natürlich unter
die gleiche Kategorie. Dass meine vergleichs-
weise alten Eltern, die noch unter die Kategorie
Kinder des Wirtschaftswunders fielen, und sich
selbst – studiert, mit regelmäßigen Besuchen in

Theater und Oper – als gehobene Bildungsbürger der Mittelschicht betrachteten, mit dieser Wendung ihres blonden lieben Mädchens nicht einverstanden sein konnten, ist streng genommen vollkommen ok, denn erst dann macht die Pubertät ja richtig Spaß: wenn die Eltern nicht noch pubertärer sind als man selbst. Nein, dieser Widerstand geschah nicht zu Unrecht und verlieh meinem Protest ein Ziel und einen Sinn, doch er nahm Ausmaße an, die mich überforderten. Meine Mutter wollte mich weiter einkleiden und verabscheute Jeans. Sie seien „Revoluzerhosen." Also die 68iger verabscheute meine Mutter offenbar auch, und die waren schon 20 Jahre her. Das führte dazu, dass ich mir heimlich auf dem Schulweg Jeans anzog, die mir eine Freundin geschenkt hatte. Da schienen es Mitschüler von mir, die mit ihren Eltern kifften oder deren Eltern sie regelmäßig alleine ließen, damit sie mit ihren Freunden Party feiern konnten, deutlich leichter zu haben. Doch ich frage mich heute mit einiger Distanz etwas anderes: Warum nahmen meine Eltern meine Kleidung, aber nicht die Hoffnungslosigkeit und Melancholie meiner Zimmergestaltung wahr? Warum sahen sie meine Not nicht und erkannten nicht, dass mein Schiff auf den Klippen des erlittenen Unrechts zu stranden drohte.

Um die Bedeutungsschwere dieses Miss-stands, den ich selbst aus Liebe lange, zum Teil bis heute, ausgehalten habe, zu erläutern, bedarf es einer weitaus weiteren Reise in die Vergangenheit, in die Zeit der Buntstifte und des Umweltpapiers, die verwendet wurden, da es in der Schule hieß, dass die Papierindustrie so viel Schaden anrichten würde. Es war die Zeit der Comics von Dagobert Duck, der, anders als Micky Maus, immer Geld hortete, sowie der Y-Hefte, durch die man zum Detektiv wurde. Die Zeit, in der man Pflaumen pflückte und auf Bäume kletterte. Kurzum: meine Grundschulzeit.

Dies war etwas, was mich bis in die Pubertät hinein begleitete und eigentlich bis heute nicht mehr loslässt. Wie war meine Grundschulzeit? Wenn man sagen wollte, Freud und Leid liegen eng beieinander, wurde dieser lapidare Spruch damals für mich zur unumstößlichen Wirklichkeit.

In den ersten Jahren der Grundschule flog mir alles zu: Freunde, gute Noten und freundliche Worte.

Der Tag des Erwachens

Zuhause bahnte sich Schreckliches an. Meine Mutter flippte eines Abends aus heiterem Himmel aus und wollte die Teller unseres Essgeschirrs auf den Boden werfen. Unser Vater hinderte sie daran und als sie letztlich meinte, sie müsse in die Klinik, schickte er uns auf unsere Zimmer.

Ich weinte. Bittere, verzweifelte Tränen – meine Mutter würde ausfallen, für immer? Ich war zutiefst verunsichert. Warum ich so an meiner Mutter hing, sollte ich erst spät im Erwachsenenalter begreifen. Mein ältester Bruder nutzte jedoch die Situation, die sich spontan ergab, schamlos aus. Er nahm mich mit auf sein Zimmer. Er gab vor, mich trösten zu wollen, kitzelte mich und führte dann meine kleinen Hände in seinen Schoß, damit ich ihn dort zufriedenstellte. Noch heute, nach 13 Jahren ambulanter Therapie, werde ich starr, wenn ich mich an diesen Moment, an dem mein von mir so hoch gehaltenes Glück des Geliebtwerdens zerbrach, erinnere.

Zwar stellte sich später heraus, dass mein gesamtes Glück in dieser monetär gut bestückten Familie des Bildungsbürgertums bis auf selbst erarbeitete Momente der Fröhlichkeit eine Illusion war. Doch als sechsjähriges Kind und auch später, zu Beginn meiner „Therapiekarriere", war dies der Tag, ab dem ich schutzlos ausgeliefert war. Er war es, der alles zerstörte. Mein Bewusstsein verband lange mit dieser Situation den Fakt, meiner Sicherheit beraubt zu sein, und mein Bruder nahm mir eines, was mich mit allen Kindern meines Alters scheinbar bis dahin verband: die paradiesische Unschuld des sexfreien „Getröstetwerdens" und des Geborgenseins in der Familie. Ich war zu dieser Zeit in der ersten Klasse und erst sehr viel später in meinem Leben realisierte ich, wie viel Angst mir diese Übergriffigkeit von Anfang an gemacht hatte. Damals vollzog ich, funktionierend wie eine Maschine, mein von ihm angeleitetes Werk der Befriedigung seiner sexuellen Bedürfnisse. Zu Unrecht hatte er eine Situation, in welcher ich absolut geschwächt ohne den emotionalen Schutz meiner Eltern war, ausgenutzt. Ich wusste, dass ich ihm gefallen musste, und durfte nichts falsch machen. Er war zwar nur 10 Jahre älter als ich, aber es gibt Momente, in denen man aus Selbstschutz einfach nur funktioniert. Ich spürte instinktiv, dass ich mich komplett nach ihm zu richten hatte, und es fühlte sich in diesem Moment an, als würde ich verschwinden und als wäre mein

Ich nicht mehr vorhanden. Meine Belange, Nöte und Wünsche durften keine Rolle mehr spielen. Später, viel später, als ich erwachsen war, erkannte ich die Angst, die ich mit dieser Situation verband, die Angst, von seinem Glied erdolcht zu werden, und seinen Griff in meinen Schritt, der mich nicht erregte, sondern erschrak und kitzelte, spüre ich noch heute, wie früher. Doch nun als brennenden Schmerz, den ich damals nicht spüren durfte, sonst wäre nach meiner damaligen Wahrnehmung etwas Schlimmes passiert. Gleichzeitig war mir bewusst, dass es etwas Verbotenes war und ich dieses Geheimnis niemandem anvertrauen durfte, da ich sonst meinen Bruder oder die gesamte „Familie" zerstören würde. Ich traf die Entscheidung und übernahm die Verantwortung, dieses Geheimnis zu hüten, auch weil ich schon damals meine gesamte Familie als ein komplexes Gebilde unfertiger Kinder erlebte, deren Mutter ich zu sein hatte und zwar individuell passgenau auf die Art, wie es jedes dieser Kinder brauchte. So auch für meinen Bruder. Ich sage nicht, dass meine Deutung richtig war und auch nicht, dass ich in meinem damals wie heute beschränkten Horizont den Überblick hatte. Sie als Leser könnten sogar sagen: „Sie hatte die Wahl!" Doch ich weiß heute:

Hätte ich damals eine Alternative gekannt, hätte ich sie gewählt.

Mein Ideal einer Mutter war es, seine eigenen Bedürfnisse zurückzustellen und stets für alle anderen da zu sein, fröhlich lachend und lebensbejahend, immer unter dem von mir aus heutiger Perspektive formuliertem Motto: Nichts Menschliches ist mir fremd.

Dass mich dies hoffnungslos überforderte, spätestens, als ich älter wurde und diese selbstlose Art auch auf alle anderen Beziehungen übertrug, merkte ich zu Beginn des 20. Lebensjahres, lange nachdem der Albtraum scheinbar ein Ende genommen hatte. Aber diese Erkenntnis war sehr viel später in meinem Leben der Fall und der Tag des Erwachens kam noch viel später.

Zunächst aber durchlebte ich meine Kindheit immer wieder bezogen auf das Thema mit meinem älteren Bruder, da diese Übergriffe zwar in meinem sechsten Lebensjahr begannen, aber erst viel später endeten. Ich lebte jedoch schon damals in meiner „Deutungswelt". Mein Bruder kam ab da abends öfter, wenn die Eltern schon schliefen, in mein eigens für mich zur Einschulung hergerichtetes Zimmer und übte mit mir den Beischlaf zu dem Zweck seiner Befriedigung aus. Nach einiger Zeit bekam ich Panik, meine Eltern könnten ihn erwischen, und da ich schon mit angesehen hatte, wie er geschlagen worden war, wenn Pornos oder etwas in dieser Richtung bei ihm gefunden worden waren, hatte ich furchtbare Angst, was bei der Entdeckung dieses Tabubruchs passieren könnte. An mich dachte ich nicht – zu Unrecht.

Selbstbestrafung und Schuldbewusstsein

Damit nichts aufflog, zog ich in ein Kämmerchen unterm Dachgeschoss neben dem Zimmer, in welchem auch mein älterer Bruder wohnte. Meinem „kleinen" Bruder, der sechs Jahre älter war und sich ein Kinderzimmer mit meinem zehn Jahre älteren Bruder teilte, bot ich mein Zimmer zum Tausch. Auf die Idee kam ich aber vordergründig nicht wegen des Missbrauchs, sondern weil ich es ungerecht fand, dass sich zwei meiner Brüder unterm Dach ein Zimmer teilten und ich ein „Prinzessinnenzimmer" für mich alleine hatte.

Mein „kleiner" Bruder war auch schon vor dem Tausch oft von meiner Mutter geschlagen worden. Eine Szene ließ mich auch nachts, wenn ich in Flashbacks hinsichtlich meiner Familiensituation gefangen war, im Erwachsenenalter weinen. Meine Mutter stand vor ihm und ohrfeigte ihn wegen eines Vergehens, dessen ich mich nicht mehr zu entsinnen vermochte. Dieses Strafritual sah ich oft. Doch diesmal, als etwa fünfjähriges Mädchen, schockierte es mich besonders, denn jedes Mal, wenn er „wegzuckte", gab es noch eine schallende Ohrfeige für das „Wegzucken", wie meine Mutter es nannte. Heute macht mich diese Szene nur noch rasend wütend. Ich bekomme Kopfschmerzen, denke mich in mein „Kind" und stelle mir vor, dass ich meine Mutter ordentlich dafür boxe, dass sie so etwas tut. Damals hatte ich nur Mitleid mit meinem Bruder, Angst und das Bestreben, nie etwas zu tun, was meine Mutter mir gegenüber zu dieser Reaktion treiben würde. Die Angst vor den Gewaltausbrüchen meiner Mutter war allgegenwärtig in meiner Familie. Doch ich wurde aus unerfindlichen Gründen von ihr nie geschlagen. Noch heute kann ich nicht sagen, ob es daran lag, dass ich mich weitestgehend anpasste, oder daran, dass ich ein Mädchen war. So oder so, aus der von mir beobachteten Szene resultierte ein schier grenzenloses Mitgefühl gegenüber meinem „kleinen" Bruder. Die Konsequenz meiner Zeugenschaft war neben meiner starken Angepasstheit, der nur manchmal mein Temperament einen Strich durch die Rechnung machte, dass er ab da mein besonderer Schutzbefohlener war, und ein Jahr später wurde er darüber hinaus zu meinem persönlichen Helden, da er, im Gegensatz zu meinem anderen Bruder, mir gegenüber nicht übergriffig war.

Ich habe zwar viele Erinnerungen an ihn, die nicht positiv waren, aber dieses Mitgefühl und die generelle Sympathie führten dazu, dass ich den Zimmertausch innerhalb eines Tages in den Ferien forcierte und wir ihn ohne Erlaubnis der Eltern durchzogen.

Ab da war mein Kinderzimmer eine zwei auf drei Quadratmeter große Kammer mit einem alten Teppichboden, einem Spiegel, einem Einbauschrank und einem kleinen Fenster. Ich war sehr zufrieden, denn ich meinte insgeheim nichts mehr wert zu sein. Die von mir gewählte Kammer befand sich auf einer Ebene mit meinem älteren Bruder, der dies als Einwilligung sah, von nun an jeden Abend bei mir vorbeizukommen oder mich zu sich zu rufen. Ich tat meinen Dienst, Abend für Abend, Nacht für Nacht und dann weinte ich mich in den Schlaf.

Freundschaft: Verlust und Gewinn

In der Grundschule entwickelte es sich zeit-gleich mit dem Beginn des Missbrauchs, dass die „In"-Mädchen, mit denen ich befreundet gewe-sen war, wegzogen und ich keine Freunde mehr zu haben schien.

In der zweiten Klasse fragte mich dann die Lehrerin, wo ich sitzen wolle, und ich sagte: „Hinten neben Emilie." Emilie war ein Mädchen, das alle kratzte und biss, die neben ihr saßen. Deshalb mochte sie niemand besonders. Doch ich ließ mich von ihr kratzen und beißen, bis sie merkte, dass ich nicht wegging. Dann beruhigte sie sich und wir wurden gute Freunde. Die Freundschaft äußerte sich später auch in nach-mittäglichen Treffen, bei denen sie mir ihre Lieb-lingsleidenschaft, das Sammeln von Süßigkeiten, offenbarte. Ich übernahm diese Leidenschaft, stahl meiner Mutter Geld und kaufte die tollsten Sachen. Jedoch konnte ich mich beim Essen dann nie beherrschen.

Wir verloren uns nach der Grundschule aus den Augen. Später erfuhr ich, dass sie am „gol-denen Schuss" gestorben war und ihren alten El-tern ein Kind hinterlassen hatte. Ich ehre sie hier-mit, denn sie war ein besonders toller Mensch, der offenbar damals nicht von unserer bürgerlichen Wohlstandsgesellschaft aufgefangen worden war. Falls jemals jemand sagen würde, dass Ausländer das Problem seien: Emilie war schon in unserer deutschen Gesellschaft „durchgefallen", ohne jemals vorher eine lange Odyssee der Flucht hinter sich gebracht zu haben. Schlimmer noch, sie musste sich offenbar in Drogen flüchten.

Andere Freunde fand ich kaum noch, obwohl ich vor den Übergriffen durch meinen Bruder einen reichhaltigen, interessanten Freundeskreis mein Eigen nennen durfte. Aus meiner heutigen Sicht war es dabei wesentlich, dass ich stets im Kopf hatte, dass es meine kindlichen Mitschüler und Mitschülerinnen überfordern würde, wenn ich ihnen erzählte, was ich nachts zu Hause erlebte. Also distanzierte ich mich.

Genau genommen war es ja nicht nur die Situation mit meinem Bruder, sondern meine Mutter drohte immer wieder mit Selbstmord und verschwand dann oft für ein paar Stunden im Wald. In meiner Traumarbeit, die ich weitgehend in Eigenregie durchführte, erlebte ich später nach, wie viel Angst mir das als Kind gemacht hatte. Alleine mit dem Missbrauchstäter – die Mutter kam vielleicht nie mehr zurück – ausgeliefert! Denn so grausam und instabil sie auch war und obwohl sie einmal den Adventskranz aus Verzweiflung ansteckte und vieles sonst machte, was verunsichernd wirkte, war sie meine Sicherheit. Warum? – Das sollte ich erst viel später herausfinden. Damals hatte ich, wie auch später, einfach nur das Gefühl, mich unter ihrem Rock verbergen zu wollen und dort vor allem anderen geschützt zu sein. Doch sie war oft nicht da.

Ich zog mich in der Schule immer mehr zurück, nahm außerdem zu, da ich von meiner Süßigkeitensammlung regelmäßig aß, und wurde nach und nach auch nachmittags antriebsloser. Fernsehen war bei uns eigentlich nachmittags verboten. Doch oft sah ich Serien wie „Nesthäkchen", „Heman", „Sheela", „Die Glücksbärchis", die „Fraggels", „Biene Maja", „Heidi" oder die „Muppetshow", bis meine Mutter gegen fünf am Nachmittag nach Hause kam. Dann taten es Hörspiele wie „Benjamin Blümchen" oder „Bibi Blocksberg". Ich aß dabei Unmengen an Butterbroten mit Zucker. Das alles tat ich, da ich unendlich traurig darüber war, dass mich jede Nacht mein Bruder heimsuchte. Ich naschte mir eine Schutzschicht gegen das Petting an und tröstete mich mit Serien, die von Glück und Liebe handelten. So schützte ich meine Liebesfähigkeit. Unser Kindermädchen war außerdem äußerst freundlich und gab mir jeden Morgen ein „Gott schütze dich" mit auf den Weg zur Schule. Lange – so lange, bis meine „In"-Freunde wegzogen – schien dies zu wirken. Doch dann, als ich schon um einiges runder und seltsamer geworden war, kam es in der Schule dicke. Meine Leistung sank zwar trotz meiner Horrornächte voller Petting niemals ab und das Wissen und die Erledigung meiner Aufgaben schienen mir nur so zuzufliegen, aber ich wurde mehr und mehr von meinen Klassenkameraden gemobbt. Meine Kleidung und mein Pausenbrot, eigens von meiner Mutter zusammengestellt, schienen den Klassenkameraden eben so wenig zu passen wie meine zunehmend verschlossene Art. Und so begannen sie in der zweiten Klasse mich auszugrenzen und zu verprügeln. Im Einzelkontakt und in Gruppen. Es nahm immer stärkere Ausmaße an. Ich wurde als „Schweinchen" betitelt, da ich ja von meiner Mutter meist in ihrer Lieblingsfarbe, rosa, gekleidet war. Weil ich immer ein gekochtes Ei dabei, hatte war ich schnell die „Eierfresserin" und so gab es stets etwas an mir auszusetzen. Mit meinem Umzug ins Dachgeschoss bestand natürlich auch nicht mehr die Möglichkeit, Freunde unbedingt zum Spielen zu mir nach Hause einzuladen. Es war vertrackt.

Und es brach in mir eine andere Sicherheit in tausend Stücke, die der stabilen Sozialbeziehungen außerhalb meines Zuhauses. Selbst im Ballett, das ich machen musste, weil es meine Mutter gut fand, passte ich nicht rein. Ich war mittlerweile doppelt so dick wie alle anderen an der Stange, musste in Aufführungen immer in die hinterste Reihe und Kampfsport, den ich gerne lernen wollte, durfte ich nicht machen. Zu lernen, sich wehren zu dürfen, und zu lernen, wie das geht, war für ein Mädchen aus der Sicht meiner Mutter nicht angesagt. Entsprechend resignierte ich. Ich sah nachmittags fern; das war mein ganzes Glück. In den Serien wurde echte Liebe gelebt. Etwas, das mir fehlte! Doch so sah ich es damals nicht. Jedem erzählte ich, dass ich ein Nesthäkchen war, geliebt, ein Wunschkind und dass ich es besonders toll mit meinen zwei älteren Brüdern getroffen hatte. Der Punkt war jedoch nicht, dass ich es erzählte, ich glaubte es damals wirklich. Ich spaltete den Albtraum ab und konzentrierte mich auf die Sonnenseiten. Sobald die Nächte und die Schule mit Übergriffen schlimmster Sorte vorbei waren, hielt ich die Illusion des im Kern Geliebtwerdens aufrecht. Und ich war durch das „Miterleben" des Zeitalters meiner Brüder, von „Ärzte ab 18" bis hin zu „Madcomics", „EAV" und „NDW", unglaublich stolz darauf, mehr Lebenserfahrung als andere zu haben. Ich hatte nichts, nicht einmal Liebe. Doch hätte ich das immer so gesehen, nicht nur nachts, wenn ich in meinen Teddy weinte, wäre alles, was ich noch hatte, nämlich mich selbst, kaputtgegangen.

Nach der Schule streifte ich den Albtraum des gewaltsamen Mobbings ab wie einen abgewetzten Mantel und entspannte mich auf der Couch beim Fernsehen.

„Freunde"– wenn ich welche traf – versuchte ich mit Süßigkeiten, die ich von dem von meiner Mutter geklauten Geld gekauft hatte, zu beindrucken, ja regelrecht zu „kaufen". Das Vertrauen, dass ich als Person wichtig und liebenswert war, war einfach dahin. Den Glauben daran, dass es so etwas gab, bewahrte ich mir zwar durch die Fernsehserien, doch aus heutiger Perspektive muss ich wirklich sagen, das Selbstvertrauen, liebensWERT zu sein, war weg.

Wenn mich mein Bruder betatschte oder die MitschülerInnen sich in einer Reihe auf dem Schulhof aufstellten, auf mich zu rannten und mich dann traten, dachte ich immer an Jesus („Halte die andere Wange hin") und schlug nie zurück und wehrte mich nie gegen sie oder meinen Bruder. Ich dachte sogar: „Mensch, was muss es ihm oder ihnen dreckig gehen! Er oder die Mitschüler brauchen mich, damit es ihnen besser geht." Ich dachte, ich sei dazu da, diesen armen Seelen einen Gefallen zu tun, damit sie sich an mir abreagieren konnten, weil sie selbst es so schlecht hatten. Ich wehrte mich nie und sah in dieser Selbstaufgabe einen tiefen inneren Sinn, der darin bestand, meinen Aggressoren etwas Gutes zu tun.

Nie wäre ich damals auf die Idee gekommen, dass ich mein restliches Leben zusammenzucken würde, wenn mich jemand kitzelte oder mir in den Schoß griff, oder dass ich es nie mehr zu schaffen schien, mich Freundschaften ohne Hilfsmittel zu nähern. Meine alten Freunde, die weggezogen waren, meldeten sich nie mehr bei mir und neue waren rar gesät. Ich sammelte auf Dauer so einige, die überall durchs Raster fielen, wie Izi, der stets schreiend aus dem Klassenraum rannte, dann aber später mit mir in die Malschule ging und sich nachmittags mit mir traf, um im Trümmerfeld des Sturm „Wiebke" zwischen umgestürzten Bäumen Höhlen zu bauen, oder ein lernbehinderter Junge, dem ich Klettern beibrachte. Kurzum, alleine war ich nicht, aber ich fand nur noch ohne Mühe Anschluss bei denen, die sonst durchs Raster fielen. Meine Wertigkeit hatte sich in diesen Jahren derart verschoben, dass ich ein ganz anderes Bild von „Freundschaft" entwickelte.

Zum einen waren es Situationen wie die mit meiner Kindergartenfreundschaft Pit – mit dem ich im Kindergarten stets Tarzan und Jane gespielt hatte und der mich stundenlang im Garten gerettet hatte – der sich tatsächlich später unter den schlagenden Mitschülern befand, weshalb ich Mitläufer verabscheute. Es waren aber auch die unwiederbringlich Weggezogenen, die sich nie mehr meldeten, weshalb ich das Vertrauen in „In"-Freundschaften verlor, und es waren Situationen wie die mit Emilie, die mit dem Beißen aufgehört hatte, nachdem ich einige Zeit neben ihr gesessen hatte, und Izis Wut, die im Unterricht berechtigt war, da er von der Lehrkraft vorgeführt wurde, und andere Situationen, die mich früh zu der Erkenntnis brachten, dass die Außenseiter, ja die sogenannten „schwierigen" Kinder, besonders dankbar und treu waren, wenn man sie wirklich liebte. Doch auch diesen Kinderfreundschaften konnte und wollte ich die dunklen Geheimnisse unserer gutbürgerlichen deutschen Familie nicht anvertrauen. Ich hatte Sorge, ihre bezaubernde kindliche Naivität zu zerstören und sie zu überfordern, wenn ich ihnen dies mitteilte und da ich den Rest meiner

Familie auch als Kinder wahrnahm, dachte ich dort genauso. Ich übernahm Verantwortung, zu viel Verantwortung, für alle außer für mich. Und mit all dem war und bin ich allein.

Damals wusste ich nicht, dass es für mich zur oft unlösbaren, weil nicht gelernten Lebensaufgabe werden würde, diesen Prozess umzukehren und Verantwortung für mich, anstatt für andere zu übernehmen. Ich arbeite bis heute daran, diesen Punkt umzulernen, doch ich gerate immer wieder an Grenzen.

Ich wurde jedoch selbst zum Querdenker; so machte ich etwa ein Referat zum Thema „Haustiere" zur Kreuzspinne, da ich als Haustier sonst nur einen Hund, der sehr gut auf mich hörte, und Vögel, die mir meine Mutter zur Kommunion geschenkt hatte, besaß. Die Vögel mochte ich jedoch nicht, da sie nicht zahm genug waren, um sie fliegen zu lassen, und ich es als Qual empfand, Vögel in Käfigen zu halten. Die Spinne lebte meiner Meinung nach aus freien Stücken beim Menschen und schien mir die beste Wahl für das Referat.

Aber auch meine Familie überraschte ich, als ich einmal heimlich bei einem Essen die Augäpfel einer Forelle entfernte und sie poliert und ge-

waschen in einer Schmuckschatulle zum Nach-
mittagskaffee zeigte. Alle Omas dachten, ich
hätte ihren Schmuck geklaut oder wäre woan-
ders stehlen gewesen. Als ich das Geheimnis lüf-
tete, überkam sie der Ekel. Ich finde das noch
heute lustig. Zumal ich damals meine Großeltern
nicht besonders mochte.

Beobachtungen und Schlüsselmomente

Die Mutter meiner Mutter war in meinen Augen eine Hexe, die für viele der Selbstmorddrohungen und die sonstige Verzweiflung meiner Mutter verantwortlich war, da sie diese stets kontrollierte und in Frage stellte. Die andere Oma war weit entfernt und mir nur in ihrem Lachen ein Vorbild. Mein einzig noch lebender Opa brachte regelmäßig am Sonntagstisch die Gemüter in Diskussionen so zum Kochen, dass mein von mir so geliebter „kleiner" Bruder schimpfend den Tisch verließ und in sein Zimmer rannte. Er räumte das Feld, vor den anderen, so dominanten Männern am Tisch, die sich über seine Noten oder anderes ausließen. Dies alles beobachtete ich stillschweigend unter der Eckbank sitzend, wo ich mich regelmäßig hin zurückzog, da ich mich dort unbeobachtet und sicher fühlte. Denn hätte es meinen Bruder nicht getroffen, wäre ich die Nächste gewesen. Ich machte mir zu all dem eine Meinung und war immer auf der Seite meines „kleinen" Bruders. Doch hätte ich einmal genau dies gesagt, wäre ich mehr als unangenehm aufgefallen. Die Herrschaft hatte mein vom Patriarchat geprägter Großvater, dem mein älterer Bruder sowie alle anderen Anwesenden gefallen wollten. Nur mein „kleiner" Bruder begehrte auf und meine Mutter schien jedes Mal zu leiden, wenn er das Feld räumte.

Während der Zeit der Übergriffe – sie dauerten etwa sieben Jahre an, zumindest die meines Bruders – ergaben sich viele Schlüsselmomente, die mein weiteres Leben ebenso bestimmen sollten.

Eines Abends, im Alter von sieben Jahren, saß ich meiner Mutter gegenüber am Esstisch. Sie war beschäftigt; Aktenberge ihrer Arbeit umgaben sie. Ich wollte ihr gestehen, was mein Bruder tat, ich hielt es nicht mehr aus und fürchtete, er würde bald in mich eindringen. Denn versucht hatte er es schon. Ich brach in bittere Tränen aus, mit dem Bekenntnis bereits auf den Lippen sah ich sie durch den Tränenschleier an – da sah sie mich streng an und sagte barsch und schneidend wie ein japanisches Messer: „Hör auf zu weinen, du dumme Göre! Wer weint, ist schwach!" Meine Trauer grub sich tief in mich hinein, ich unterdrückte von nun an alles, was ich ihr gestehen wollte, wischte mir die Tränen aus dem Gesicht und murmelte nur ganz verstohlen: „Es ist nur, weil mich die Mitschüler prügeln." Darauf antwortete sie: „Die sind doch nur neidisch auf dein Leben, und überhaupt, jeder braucht ein `Hackhuhn`, stell dich nicht so an." Daraufhin ging ich sang und klanglos in mein Kämmerchen unterm Dach. Am Abend weinte ich sogar bei meinem Bruder, der nur meinte, ich sei doch ganz hübsch, an mir sei wenigstens was dran. Eigentlich wollte ich ihm sagen, dass ich mit der Sache mit ihm unglücklich war. Doch ich traute mich nicht und erzählte ihm stattdessen von der Schulsache, denn die Mitschüler nannten mich ja nicht nur „Eierfresserin", sondern sie nahmen auch Anstoß an meiner Figur. Und nun begann etwas Vertracktes. Mein „Täter" wurde zum tröstenden „Täter". Nicht, dass ich ihn jetzt weniger fürchtete, aber er war der Einzige, der mir als „Vertrauter" geblieben war. Meine Mutter interessierte sich einen Dreck für mich.

Also vertraute ich mich diesem Monster an, das sich von mir beim gemeinsamen Ansehen von Pornos in Bild und Ton, dem Zeigen einer Sammlung von Quälkondomen und Petting, beim Gestöhne von „Je t' aime" oder dem Lied der Ärzte ab 18, „Geschwisterliebe", von mir befriedigen ließ. Oft wollte er in mich eindringen, doch ich machte mich hart wie ein Brett und erklärte immer zaghaft, dass dies nicht passen würde. Er erzählte danach, wenn ich ihm meine täglichen Sorgen anvertraut hatte, Märchen davon, wie ich von ihm lernen würde, wie ich später einen Mann zu behandeln habe, und dass meine Eltern von Sex keine Ahnung hätten, da sie ja vor der Ehe sich einander nie genähert hatten. Er verkaufte sich als „Lehrer" und „Aufklärer" und zerbrach in Wirklichkeit meine fragile kindliche Naivität Abend für Abend aufs Neue. Als meine Mutter mich später einmal aufklären wollte – eigentlich war sie ja dagegen, aufzuklären, aber es stand in der Schule an und sie wollte es selbst übernehmen – da lachte ich sie innerlich aus. Ich sah ihre Not und ihre Prüderie, die sie damenhaft verkörperte und ich kam mir erfahrener als sie vor. Auch wenn ich nicht stolz darauf war, hatte ich mehr Erfahrung mit meinen damals 10 Jahren, als sie vielleicht jemals haben würde. Es war eine groteske, von ihr selbst verursachte Situation. Und hätte sie mich nicht Jahre zuvor aus meinen Augen zum Schweigen und stillen Leiden verdammt, mein Vertrauen ihr gegenüber immer wieder gebrochen, dann wäre das vielleicht einer der Zeitpunkte gewesen, an denen ich mich ihr anvertraut hätte. Die Überlegenheit, die ich damals verspürte, war nur ein schwacher Trost für mein allabendliches Ritual, meinen Bruder zu befriedigen, vorzugeben, dass ich nichts spüren würde und er mich nicht befriedigen müsse, damit er nicht an mir rumfingerte, was er dann auch unterließ, dann meine

Sorgen dem schlimmsten Tröster der Welt mitzuteilen und später in meinem Zimmer stumme Schreie in meinen Teddybären zu brüllen und so zu weinen, dass es keiner hörte, denn: „Wer weint, ist schwach!" Und ich war nicht schwach! Zu Unrecht litt ich so lange, zu Unrecht verging er sich an mir und zu Unrecht musste ich mein Leben anders leben, als ich es selbst wollte. Aber das ist ein Punkt, der viele Menschen, nicht zuletzt die vielen Flüchtlinge unserer Zeit, betrifft. Nicht so leben zu können, wie man möchte. Ich wäre sonst eben später Psychologin geworden, mit einem Schwerpunkt auf „Traumatherapie". Aber der interessierte Leser würde an dieser Stelle vielleicht sagen, warum nicht? Sie hat Erfahrungen gemacht, die sie dazu befähigen könnten.

Aber es kam anders und da ich, wie ich finde, natürlich nicht so viel Leid und Tod wie die Flüchtlinge der heutigen Zeit „eingesteckt" habe, zog gleichwohl mein Leid so viele Schmerzen nach sich, dass ich später den Verstand zu verlieren schien. Deshalb kann ich mein Leben heute nur mit großen Hindernissen und meist nur in Ansätzen so leben, wie ich möchte.

Der Missbrauch durch meinen Bruder dauerte jedenfalls lange an und sieben Jahre prägen einen Menschen, der in der kindlichen Entwicklung ist, enorm. Ich kann heute mit Fug und Recht behaupten, dass es nicht die Intensität, sondern die Stetigkeit war, die mir heute noch zu schaffen macht. Denn wenn ich abends alleine im Bett zu Hause bin und ein Geräusch höre, bekomme ich instinktiv Panik. Ich kann es nicht abschalten. Damit lebe ich schon mindestens 20 Jahre, denn das fing erst an, als ich meine Familie fast endgültig verlassen hatte. Das Einzige, was ich schützen konnte, war meine eigene Sexualität, da ich meinen Bruder bis auf Zungenküsse nicht an mich heranließ.

Wie hörte dann alles auf, fragen Sie sich vielleicht? Ganz einfach: Ich ließ mich mit dreizehn auf einen gleichaltrigen Jungen ein, den ich nicht mal besonders liebte, und sagte dann meinem Bruder, dass es nicht mehr ginge, da ich einen Freund hatte. Dieses „Nein" reichte! Aber nur, weil ich reif genug war, und meinem Bruder bewusst zu werden schien, dass nun auch andere „Mitwisser" werden konnten. Außerdem war er zu diesem Zeitpunkt schon ausgezogen und die Taten reduzierten sich ohnehin. Auch weil ich ein Jahr auf eigenen Wunsch aufs Internat gegangen war. Von diesem holten mich meine Eltern zwar wieder ab, da sie meinten, ich würde dort in „falsche Kreise" kommen, aber das Jahr dort war mein erstes Jahr in Freiheit mit echten Freunden und echten Abenteuern und einem Missbrauch, der – wenn – nur am Wochenende stattfand. Mir ging es noch nie so gut wie dort, auch wenn wir trampten und ich mit zwölf bereits meinen ersten Alkohol trank. Klar war das „kein guter Einfluss" und objektiv betrachtet gefährlich. Aber das Miteinander dort war für mich ein Paradies und ich gewann ein wenig Vertrauen in neue Freundschaften.

Das bisschen Vertrauen und mein erster Freiheitsschlag, aufs Internat zu gehen, entwickelte sich daraus, dass ich schon auf meinem ersten Gymnasium neue Freunde gefunden hatte, es mich aber massiv irritierte, dass ich dieselbe Schule besuchte, auf der auch mein älterer Bruder schon war. Von jedem Lehrer wurde ich auf ihn angesprochen – ich wollte nur weg! So würde ich das Geheimnis niemals hüten können. Und so hätte es katastrophale Folgen, wenn es herauskäme!

Ich fing außerdem an, Tagebuch zu führen, da ich wusste, dass meine Familie niemals etwas davon erfahren durfte, da sie nicht damit hätten umgehen können. Dort schrieb ich alles hinein. Seitdem hatte ich eine echte Entlastung gefunden: das Schreiben.

Nach dem Internat ging der Missbrauch in gleicher Weise weiter wie zuvor, doch meine Angst, er würde bald mit mir schlafen, da meine Ausrede, ich sei zu eng, nicht mehr zählte, verstärkte sich.

Als auf der neuen Schule der Freund auf der Bildfläche erschien, nutzte ich ihn aus. Es war zwar gemein, aber er hatte wohl schon mal „Eis am Stiel" gesehen und wollte nur sein erstes Mal erleben, was ich ihm nicht gab, und ich brauchte ihn als potentielle Sicherheit.

Nur dadurch, dass mein Bruder dann von mir abließ, entstand bei mir die irrige Annahme, dass ich nur mit einem anderen Mann in Sicherheit sein würde. Dennoch, mein Bruder hörte auf und blieb nicht mehr über Nacht und ich machte kurz drauf mit dem Freund Schluss.

Nun könnte jeder denken, mein Albtraum endete dort, die Geschichte ist erzählt ... aber wenn es so einfach wäre, dann wäre das ein Grusel-„Märchen" mit „Happy End".

Ende mit Schrecken – Nein, ein Schrecken ohne Ende

Tatsächlich stellten sich jedoch nach Ende des Missbrauchs die Ängste ein. Stets dachte ich, jemand würde mir nachmittags zu Hause auflauern und mir etwas antun. Ich kletterte auf die hohen Bäume vor dem Haus und wartete, verborgen von den Blättern, auf meine Mutter.

Dies ergab sich aus mehreren Gründen. Heute weiß ich, dass es die Angst vor meinem Bruder war, die ich in den Jahren davor nicht hatte spüren können. Meine Seele versuchte, das Erlebte aufzuarbeiten. Aber da war noch etwas, was mich bis heute nicht sicher fühlen lässt.

Als mein „kleiner" Bruder sein Abitur auf einem Gymnasium machte, gab es weit weg eine Abiturfeier und ich sollte alleine zu Hause übernachten. Wenn etwas wäre, könnte ich zu meiner Tante nebenan im Nachbarhaus gehen. Auf einmal klingelte abends das Telefon und eine Grabesstimme sagte: „Ich stehe an der Telefonzelle in der Nähe von deinem Haus, ich weiß, wo du wohnst und gleich komme ich dich holen!" Ich legte auf, und voller Panik sperrte ich die Haustür ab, rannte in mein Zimmer unterm Dach und versteckte mich im Schrank. Ich hörte auf jedes

Knacken. Dann erinnerte ich mich, dass ich zu meiner Tante gehen sollte, wenn etwas war. Panisch rannte ich runter und verließ durch die Terassentür das Haus, dann sprintete ich zu meiner Tante und berichtete ihr von dem Anruf. Gleich darauf setzte sie sich mit meiner weit entfernten Familie in Verbindung und löste das Rätsel auf. Mein „kleiner" Bruder hatte sich diesen „SCHERZ" erlaubt, den alle dort, so erzählen sie es heute, ungemein lustig fanden. Nur ich nicht. Ich sollte bis heute Angst vor potentiellen Psychopathen haben müssen, die mir in meinem Kopfkino bei jedem fremden Geräusch im Haus ans Leder wollen. Die Angst hat sich verselbstständigt. So trafen sich reales Trauma, zugefügt von einem Mann, den ich als Kind als Vampir gemalt hatte (mein älterer Bruder) und ein „SCHERZ" meines „kleinen" Bruders so, dass ich zeitweilig ein Leben in Angst und Schrecken vor mir hatte.

Meine Brüder waren generell nie besonders nett zu mir. Sie wickelten Handtücher zu sogenannten Rattenschwänzen und jagten mich durchs Haus, während sie mich mit den Handtüchern ähnlich wie mit Peitschen schlugen, sie zogen mich im Schwimmbad unter Wasser und ahmten Haifische nach, was bei mir zu einer unglaublichen Angst vor Haien führte, obwohl ich eigentlich Angst vor meinen Brüdern hatte. Ihnen traue ich heute noch Schlimmstes zu, da sie mich zu Unrecht so behandelt hatten, wie ich es hier in Ansätzen schildere. Meine Mutter fand, das seien „normale Grobheiten" zwischen Geschwistern, aber mich haben diese „Grobheiten" schwer beschädigt. So konnte ich erst mit etwa dreizehn Jahren angstfrei im Schwimmbad schwimmen und in Hotels habe ich noch mit achtzehn Jahren Angst gehabt, wenn ich dort alleine im Schwimmbad war.

Dazu kam, dass mein „kleiner" Bruder, mein Held, mich einmal mit auf eine Segelfreizeit nahm. Dort habe ich Schönes und Schlechtes erlebt. Die Jungs waren alle etwa vierzehn und ich acht. Sie nahmen mich nachts mit, um das Rollenspiel „Herr der Ringe" zu spielen und Quatsch zu machen. Dabei tranken sie auch Bier und rauchten Zigaretten. Sie brachten mir das Rauchen bei, an dem ich leider noch heute hänge. Ich hänge auch daran, weil die Jungs mit mir Strippoker gespielt hatten, aber mich immer gewinnen ließen, so dass sie nachher fast nackt, ich aber angezogen war. Sie gaben mir damit etwas, was mein älterer Bruder mir zu der Zeit nicht gegeben hatte: SICHERHEIT. Entsprechend verbinde ich noch heute damit in meinem Kopf, dass Nichtraucher eher missbrauchen als

Raucher. Meine Lunge leidet heute sehr darunter, da ich noch nicht aufgehört habe, aber ich habe diesbezüglich eines im Kopf: Helden meiner Kindheit. So verrückt es klingt, es ist der Grund, warum ich heute noch oft sage: „Ich rauche gerne!" Vielleicht waren es „falsche" Vorbilder, aber bessere gab mir mein „kleiner" Bruder nicht.

Nun habe ich mittlerweile ein Kind und ich hatte dieses Jahr ein Aneurysma, weshalb ich mit dem Rauchen aufhören sollte, aber die Erfahrung von damals sitzt tief.

Mein „kleiner" Bruder wurde auch trotz der scheinbaren „Grobheiten" erst entthront, als er mir eines Abends viel später sein steifes Glied hinhielt und sagte: „Nimm ihn in den Mund!" Ich deutete an, das verlange schon der andere Bruder, da ließ er von seinem Vorhaben ab und ich ging. Doch er unternahm nichts, um mir zu helfen und er war selbst zum „Täter" geworden. Der Held meiner Kindheit war gefallen, unwiederbringlich.

Aber all das, so massiv es auch war, erklärt nur in Ansätzen meinen weiteren Lebensweg. Auf dem dritten Gymnasium, das ich besuchte, nahmen alle coolen Leute Drogen und rauchten. Ich hatte eine Freundin, Rani, in meiner Klasse gefunden und sie brachte mir erneut das Rauchen bei. Sie fuhr auf diese coolen Leute ab, die anderen Freundinnen, die ich in dieser Klasse hatte, auch und so behauptete ich, ich hätte schon im Internat Drogen genommen. Unsere Clique an diesem Gymnasium probierte zwar lediglich mit Alkohol und Zigaretten herum. Doch ich wollte zwar nicht wie in „Rolltreppe abwärts" landen, aber ich wollte dabei sein und Erfahrungen sammeln, damit ich nicht so naiv sein würde wie meine Eltern.

Es dauerte nicht lange, da hatte ich mein erstes Kiff-Erlebnis und auch andere Drogen folgten. Meine Eltern bekamen zwar ab und an Wind davon, aber ich erzählte die tollsten Geschichten, wie etwa, ich hätte die Wasserpfeife, die sie bei mir gefunden hatten, einer Freundin weggenommen, die davon loskommen wolle. Sie glaubten mir alles aufs Wort. Doch ich kassierte immer schlechtere Noten in der Schule und so ging es erneut, von mir angeregt, auf ein anderes Internat. Ich dachte, Drogenfreunde sind eh keine echten Freunde, und ich wollte eh von den Drogen weg und wieder besser in der Schule werden, deshalb ging ich, zumal ich ja schon einmal gute Erfahrungen im Internat gemacht hatte.

Doch kaum im Internat angekommen, verfiel ich wieder dem Schema, mit gemachten Drogenerfahrungen anzugeben, und so lernte ich erneut nur Drogenleute kennen. Eine davon verpfiff mich und es kam zum Drogentest. Dieser wurde mir angekündigt, da meine Mutter als Anwältin die Schulregeln kannte und die besagten, Eltern müssen informiert werden, bevor getestet wird. Keiner hinterfragte damals, warum ich Drogen nahm. Heute weiß ich, warum: aus Angst, wieder so ausgegrenzt zu werden wie in der Grundschule. Meine guten Zwischenerfahrungen schienen mir nicht sicher genug. So wie ich mir früher Freunde gekauft hatte, musste ich neue Kontakte jetzt mit meinem Konsumverhalten beindrucken, doch eigentlich hätte ich Hilfe gebraucht. Jedoch nannte die Schule meinen Eltern das Mädchen, das mich verpfiffen hatte, und da meine Eltern von meiner Unschuld überzeugt waren, nannten sie mir den Namen des Mädchens und ich warnte alle vor ihr. Doch das war richtig falsch, denn alle wendeten sich daraufhin gegen mich. Ich konnte zwar den Test abschmettern, aber nicht, weil ich nicht konsumierte. Offensichtlich war ich schon zu cannabissüchtig. Ich fälschte den Test, aber die Erzieherin, die Mitleid mit dem Mädchen hatte, vor welchem ich alle gewarnt habe, hatte mich seitdem auf dem Kieker und nicht nur sie, sondern auch fast der ganze Rest der Schule. Denn die Erzieherin streute erfolgreich das Gerücht, dass ich die Verräterin gewesen sei. Denn die wirkliche „Verräterin" war sehr beliebt. Ich war nicht sehr stolz auf mich zu dieser Zeit, aber als hätte ich es nicht anders verdient: Wieder wurde ich gemobbt und zwar für mein Konsumverhalten, das ich nicht mehr in den Griff bekam. Ich fand dann externe (nicht auf dem Internat lebende) konsumierende Schülerinnen, und nannte Außenseiter und Zehntklässler, mit denen ich meinen ersten Sex und Wodkapartys erlebte, mein Eigen. Aber allgemein wurde ich abgelehnt und mein – romantisch gesprochen – „erstes Mal" war mit einem Russen, der mich erst besoffen machte und dann über mich drüber rutschte. Ich wollte für meinen ersten Freund nicht so unerfahren sein und warf mich weg. Das, was mir jahrelang gegenüber meinem Bruder heilig gewesen war, warf ich auf einmal weg wie nichts. Nein, auf diese ganze Zeit bin ich nicht stolz. Aber es zeigt, wie tief ich gefallen war, und ich wäre noch tiefer gefallen, wenn mir nicht ein Erzieher gesagt hätte, es wäre alles okay, was ich mache – solange ich es in meiner Freizeit tue – und damit meinte er das Kiffen, Saufen und alles andere und so kam ich in kurzer

Zeit wieder auf gute Noten und fühlte mich wohl.

Rani, meine Freundin von früher, sah ich nach wie vor am Wochenende und ich wollte auch in dem Haus meiner Oma mit einer Drogenparty meinen Geburtstag feiern, doch um Mitternacht war ich schlecht drauf und warf alle Leute raus. Keiner meldete sich jemals wieder bei mir, außer Rani, ich ging in die Natur und sagte zur Zigarette: „Nun bist nur noch du da, mein Freund", eine verhängnisvolle Entscheidung, doch Freunde waren sie alle nicht, sonst hätten sie ja nachgefragt, was mit mir los sei. Sie ließen mich fallen wie eine heiße Kartoffel.

Für Rani besorgte ich jetzt Drogen von den Externen im Internat und insgesamt war ich mit meinem Vorhaben, aus der Drogenszene auszusteigen, weitestgehend gescheitert.

Hoffnung keimt und vergeht

Dann ging es eines Wochenendes mit Rani auf die schräge Hochzeit ihrer Schwester nach Prag. Die Schwester weinte die ganze Hochzeit über, der Bräutigam flirtete mit mir und es wurde gesoffen und gekifft, aber dort lernte ich meine zukünftige erste große Liebe kennen: Mike, der Sensible.

Wir kamen auf einer später im Jahr stattfindenden Drogenparty zusammen. Ich brannte für eine Nacht mit ihm durch und meine Familie ließ mich polizeilich suchen, obwohl sie von Rani wussten, dass ich mit Mike, ihrem Schwippschwager, unterwegs war. Meine Familie reagierte über. Wir kamen in paradiesischer Laune wieder, meine Brüder warteten auf den „SCHLIMMEN" älteren (8 Jahre älter) „Kindsentführer" (ich war sechzehn, er vierundzwanzig) mit Baseballschlägern.

Dank der anwesenden Polizei eskalierte es nicht und meine Eltern stellten klare Regeln auf. Wir hielten uns daran, blieben jedoch zusammen. Für uns beide war es die erste Beziehung. Ich war Schülerin am Gymnasium in einem weit entfernten Internat, er Monteur ohne Hauptschulabschluss, aber die Liebe stört so etwas

nicht. Später einmal näherte er sich meinem Intimbereich. Instinktiv zuckte ich zusammen und
wurde starr. Er fragte: „Was stimmt nicht mit
dir?" Ich erzählte ihm von meinem Bruder. Er
war der erste Mensch, dem es aufgefallen war,
und er nahm Rücksicht. Zudem erzählte er, dass
sein Bruder das Gleiche gemacht hatte. Darauf
liebten wir uns und es war ein wunderschön
sanfter, tröstlich verständnisvoller Sex mit einem
Mann, der älter war, als mein Bruder damals gewesen war. Auch das gab mir Sicherheit. Darauf
hatte ich, ohne es zu wissen, so lange gewartet.

Doch unsere Beziehung erhielt stetigen Ge-
genwind von meiner Familie. Wir durften bei
meinen Eltern zu Hause nicht intim werden, wir
hatten uns an die Besuchszeiten zu halten und so
wurde die Natur zu unserem liebsten Ausflugs-
ort. Drogen spielten zwar auch eine Rolle, aber
keine übergeordnete. Nach etwa einem Jahr
wurde ich unverhofft schwanger, da meine Mutter keine Verhütung erlaubte. Ich beichtete es
meinen Eltern, doch mein Freund Mike erfuhr es
natürlich zuerst. Meine streng katholischen Eltern flippten total aus, meine Mutter ging mit mir
zu verschiedenen Beratungsstellen und obwohl
eine Frau einer Beratungsstelle sogar meinte, sie,
meine Mutter, solle einmal eine Therapie ma-

chen, blieb sie bei ihrer Meinung: „Das Kind versaut dir die ganze Zukunft, es muss weg, ich übernehme vor Gott die Verantwortung!" Ich weinte nur noch. Doch sie versagte mir jede Unterstützung und erklärte mir, dass ich dann in ein Mutter-Kind-Heim müsse. Jeder könnte argumentieren, ich hätte mich in dieser Situation emanzipieren müssen. Aber sie war so vehement, dass ich es nicht konnte. Ich kapitulierte und trieb ab. Ich weinte fürchterlich und fühle mich noch heute als Mörderin. Als Mörderin meines ersten Wunschkindes, denn ich wollte immer früh Mutter werden und als Mörderin meiner ersten echten Liebe. Denn nicht nur die Schmerzen der Ausschabung, die noch lange nachblutete, sondern auch das Gift des Ungewolltseins eines ersten gemeinsamen Kindes bohrte sich in mich und Letzteres auch in die Beziehung. Ich hatte mich zu etwas hin manipulieren lassen, was Mike, der Sensible, nicht verkraftete: seine erste Nachkommenschaft zu töten. Von da an bot er mir Heroin an, das ich einmal auch nahm, trank morgens schon einen Liter Wodka vor dem Frühstück und spielte am Automaten, bis ihm der Strom abgestellt wurde. Ich wusste, dass ich ihn verlassen musste, und ich tat es. Darauf wollte er sich selbst fast umbringen, doch ich riss ihn mir aus dem Herzen, da ich wusste, dass ich ihn tiefer als aushaltbar verletzt hatte.

Ich zog ganz in die Gegend meiner Schule und machte das von mir eigentlich nicht angestrebte Abitur. Aus heutiger Perspektive betrachtet bin ich jetzt zwar so glücklich wie noch nie, aber das heißt nicht, dass die damaligen Entscheidungen richtig und notwendig waren. Sie waren einfach ein Teil des Weges, mich aus den repressiven, manipulierenden, narzisstisch geprägten Fängen meiner Familie zu befreien, ohne sie zu verlieren, denn ich liebte sie und konnte mir nicht vorstellen, dass sie ohne mich leben konnten. An mich zu denken, an meine Wünsche und Träume, hatte ich schon so früh verlernt, dass ich schließlich immer das machte, was meine Mutter sich für mich vorstellte, auch wenn es insgeheim ihre eigenen verborgenen Wünsche waren. Das zu erfüllen, was sie wollte, war für mich „Normalität" geworden, ich hatte mich aufgegeben. Anders war es nur bei Drogen und meiner Entscheidung nach dem Abi in eine Großstadt, die sie nicht mochte, zu ziehen. Hätte ich getan, was ich damals gewollt hatte, hätte ich eine Ausbildung gemacht, meinen ersten Freund geheiratet und wir hätten Kinder großgezogen. Doch sie erklärte mir ja schon damals, dass ich diese Verantwortung ihrer Meinung nach nicht übernehmen könne. Es war eben so paradox, so falsch, da ich schon sehr früh die Verantwortung für das Wohl und Weh meiner gesamten Familie übernommen hatte und meine instabile Mutter schließlich auch drei Kinder großgezogen hatte und ich wollte damals nur eines sein: Mutter. Ich verschob alles auf später und wie sich herausstellen sollte, würde es zu Unrecht viel, viel später werden.

Erste Schritte der Freiheit

Als ich in die andere Stadt zog, bestand meine Mutter darauf, dass mein älterer Bruder die von mir ausgesuchte Wohnung mit einrichtete. Dies war ein folgenschwerer Fehler, denn so sollte ich mich dort niemals richtig sicher fühlen. Zwar hatte sie, als ich fünfzehn war, mit meinem Vater zusammen mein Tagebuch gelesen und mich aus der Schule nach Hause geholt mit der Botschaft, wir hätten einen Todesfall in der Familie. Dann saßen mein älterer Bruder und ich an einem Tisch und er gestand. Doch dann kam gleich das Thema des Verzeihens auf und ich versprach etwas, das ich nachher bitter bereute: „Wenn du eine Therapie machst, verzeihe ich dir." Vergebung – so sehr alle davon träumen, ist etwas so Großes, dass es mein Ermessen übersteigt. Ich kann vielleicht vergeben, aber ich werde nie vergessen, welches Unrecht mir über die Jahre zugefügt worden war. Jetzt, dreißig Jahre später, habe ich Verzeihen geschenkt, ich habe jedoch nicht vergessen, was war, und es war eher ein Abschiedsgeschenk als ein Neuanfang in meiner Familie. Nun zählt nur noch meine Kernfamilie, mein kleiner Sohn, mein Mann und unsere Tiere.

Da meine Mutter jedoch damals andauernd gleichzeitig darauf bedacht war, meinen Bruder alles büßen zu lassen und die Fassade zu wahren, damit keiner von uns im Leben Nachteile aus seinen Verbrechen zog, ließ sie ihn das Zimmer in der fremden Studienstadt einrichten, lange bevor ich wusste, wie ich mich zur Vergangenheit positionieren wollte. Sie sah es als Buße und Wiedergutmachung. Doch ich verschwand einmal mehr und war Gast in meinem eigenen Leben. Das änderte sich erst, als sie weg waren.

Dann lebte ich ein Jahr in Saus und Braus. Meine Mutter hatte ein Studium Universale zum „Umgucken, was so an der Uni geboten wird" empfohlen, doch ich machte viel mehr. Partys und Studentenjobs bestimmten mein Leben. Ich war gut und wild und ein bisschen verliebt. Aus der Liebe wurde nichts, aber das störte mich nicht, ich hatte viele Pläne und fing die von meiner Mutter vorher verbotene, langersehnte Therapie an.

Die ganze Oberstufe über hatte ich im Café gelernt, da ich zu Hause Angst gehabt hatte, die durch einen Einbruch verstärkt worden war. Meine Eltern arbeiteten beide und ich war alleine zu Hause und hatte so viel Angst, dass ich entweder ständig mit meiner Mutter telefonierte oder eben wegging. Ich hielt es nicht mehr aus und wollte Therapie, doch meine Mutter sagte: „Da hilft nur, das Vaterunser zu beten." Ich war an diesem Gebet schon verzweifelt, da es stets vom Verzeihen handelte, und ich mir mehr von einer Therapie erhoffte. Doch ich musste weitere vier Jahre, bis zum neuen Leben in der neuen Stadt, warten, da ich über meine Eltern versichert war und sie die Rechnung bekommen hätten. Den Psychokrieg wollte ich nicht erleben, der mich erwartete, wenn ich das anfing. Also wartete ich, bis ich einen „eigenen" Rückzugsraum hatte. Dann fing ich mit einer Körpertherapie an.

Zu Fall gebracht

Die Therapeutin schlug mir vor einer Fahrt zu meinen Eltern vor, wieder Tagebuch zu führen, und ich fuhr und schrieb. Doch vieles hielt ich nicht fest. Wie etwa meine Mutter mich zum Weinen brachte und mein Vater mich trösten wollte, worauf ich ihn zornig wegstieß mit der Begründung, das hätte mein älterer Bruder damals ausgenutzt. Daraufhin sagte mein Vater, als wäre es das Normalste von der Welt: „Das passiert nun mal, wenn Frauen weinen, bei einem Mann. Er bekommt eine Erektion!" Ab da geriet bei mir alles ins Wanken und ich sollte erst Jahre später verstehen, warum mich diese Bemerkung den Verstand kosten sollte. Als ich im ICE zurück in meine Studienstadt fuhr, kam ein junger Mann mit seiner Oma vorbei und diese Szene kam mir wie inszeniert vor. Ich musste an meinen „kleinen" Bruder und unsere Oma, die ich so hasste, denken und dachte nur bei mir: „Der ist ihr ja genau so hörig." Dann, als ich in meine Straße einbog, stritt eine überfordert wirkende Mutter mit ihren Kindern und sagte mir, ihr drittes sei gerade weggelaufen. Auch das kam mir inszeniert vor. Ich war vollkommen irritiert von der dargebotenen Szenerie. Dann ging ich mit einem mulmigen Gefühl in meine Wohnung und am nächsten Tag verlor ich meinen Schlüssel zur Wohnung und dachte, meinen älteren Bruder auf seinem blauen Rennrad von hinten gesehen zu haben. Ich bekam furchtbare Panik und rief meine Therapeutin an. Sie sagte, wenn die Panik anhalte, solle ich einen sicheren Ort aufsuchen, und wenn ich die Orientierung verlöre, solle ich zur Notaufnahme eines Krankenhauses gehen. In dieser Nacht tat ich kein Auge zu. War mein Bruder in der Stadt? Hatte er meinen Schlüssel? Ich war angsterfüllt. Ich hörte, wie im Flur die Briefkästeneinwürfe von jemandem schnell geöffnet und geschlossen wurden.

Dann erstarrte ich. Es passierte zwar nichts, aber die Angst blieb. Am Morgen stieg ich in mein Auto und dachte über einen sicheren Ort nach; ich fuhr herum und wusste keinen. Meine Fahrt brachte mich in die Innenstadt. Ich parkte. Die Panik blieb. Ich sah eine Kirche. Die Panik blieb. Ich ging hinein. Hier war nichts sicher. Völlig außer mir verließ ich das Gebäude wieder, doch ich fand mein Auto nicht mehr. Ich hatte die Orientierung verloren. Ich fuhr schwarz mit der Straßenbahn in mein Wohnviertel, dann suchte ich die Notaufnahme auf und gab den Zuständigen die Nummer meiner Therapeutin. Sie brachten mich in ein Krankenhaus. Dort wurde es Nachmittag. Ich nahm an einer Gruppe teil, dann war Abend, dann Nacht. Ich hatte ihnen geschildert, dass ich meinen Bruder, vor dem ich Angst hatte, gesehen hatte. Es war das erste Mal in meinem Leben, dass ich Angst vor ihm wirklich bezogen auf ihn spürte, im Nachhinein ein riesiger Schritt nach vorne, damals ein völliges Durcheinander. Die Nacht kam und ich konnte wieder nicht schlafen. Ich bat um Zettel und Stift und ich malte. Am nächsten Tag ging ein junger Pfleger mit mir in den Garten, ließ mich an einer Blume riechen und zeigte mir die Tonwerkstatt. Ich war innerlich relativ ruhig. Ich hatte mich in Gefahr befunden und mir Hilfe verschafft. Dann meinte der Pfleger, dass man in die Tonwerkstatt nur in einer Gruppe käme. Da kam das erste Mal eine Gruppe älterer, offenbar psychisch schwer erkrankter Menschen an mir vorbei. Ich kannte so trostlose Gestalten von meiner Mutter und ihrem Beruf. Doch das ließ mich unbeeindruckt. Ich wollte mit Ton arbeiten, um mich zu beruhigen. Ich hatte das schon von Kindheitsbeinen an gerne gemacht und arbeitete generell gerne mit Ton. Da fiel mir ein, dass ich in meiner Wohnung noch welchen hatte. Die Sehnsucht nach meinem Rückzugsraum wurde schlagartig größer.

Zurück auf der Station kam ich in einen Raum. Aus den Augenwinkeln hatte ich schon morgens einen älteren Herrn mit weißen Haaren wahrgenommen, der wie der Stationspsychologe wirkte. In dem Raum saßen er und verschiedene Personen, fast nur Frauen. Die Erste sagte sinngemäß: „Hallo, ich habe einen Freund und bin in einer langjährigen Beziehung. Wir lieben uns." Darauf die zweite: „Hallo, ich bin in einer Beziehung, manchmal tun wir uns gut und manchmal nicht. Dann bin ich manchmal hier." Darauf zeigte sie auf einen jungen Mann in katatonischem Zustand und sagte: „Und der wird noch auf dich zukommen!" Auch wenn ich es nicht mehr 1:1 wiedergeben kann, entstand bei mir sofort der Eindruck, dass die anwesenden Personen mich selbst in verschiedenen Entwicklungsstadien meiner Vergangenheit spiegelten und sich aus damaliger Perspektive, auch wenn ich mittlerweile schon katatonische Zustände hatte, zu Unrecht Aussagen über meine Zukunft erlaubten. Ganz egal, ob es um meinen zukünftigen Partner oder als Äquivalent um meine zukünftige Befindlichkeit gehen sollte. Ich dachte sofort: „Woher wissen die das, das wusste bislang von mir nur meine Familie und meine Therapeutin." Ich fühlte mich genauso verraten wie damals, als meine Eltern mein Tagebuch gelesen hatten. War es so? Hatte das meine Therapeutin „inszeniert" bzw. „iniziiert"? Danach bekam ich jedenfalls Medizin. Sofort fielen mir meine Kontonummer und meine Adresse (und alles, was ich vergessen hatte) wieder ein und mir fiel auf, dass ich weder Wechselwäsche noch Kleidung dabeihatte. Ich meldete mich ab, um beides zu holen. Doch ich bekam keine Visitenkarte mit, weshalb ich im späteren Verlauf kurzzeitig den Namen der Klinik vergaß. Als er mir wieder einfiel, rief ich dort an und es hieß: „Zu uns kommen Sie nur über die Notaufnahme." Auch wenn ich weiß, dass ich da schon schwer krank war – dieses ganze Erlebnis ist derart befremdlich, dass es einfach mal erzählt werden muss.

Von nun an habe ich den Traum der tausend Wahrheiten betreten, den es in der komplexen Wirklichkeit ohnehin schon gibt. Wahr war in diesem Beispiel etwa, dass die Medizin geholfen hatte, ich sie also brauchte, ich also krank war. Wahr war auch, was in der Klinik zu mir gesagt wurde. Doch ich arbeite jetzt auch in der Psychiatrie und eine derartige Konfrontationssituation habe ich dort noch nicht erlebt. Ich frage mich noch heute, was nach der Meinung dieser Klinik wohl noch auf mich zukommen sollte und welche Rolle in dem Ganzen meine Therapeutin spielte? Vielleicht sehe ich Verbindungen, die nicht bestehen, seien Sie bitte nicht irritierter als ich selbst. Ich dokumentiere im kommenden

Verlauf einen zutiefst subjektiven Prozess der Wahrnehmung zwischen Realität und krisenbestimmter Wahrnehmung, der Fragen aufwirft, die ich nicht alleine beantworten kann. Ich lebe mit diesen offenen Fragen und ich lebe gut, klar und derzeit nicht akut. Doch klären kann ich das alles nicht mehr, da es zwanzig Jahre zurückliegt. So müssen Sie als Leser und ich als Dokumentierende diese Unsicherheit aushalten, die im Kern viel länger zurückliegt, sonst hätte ich das ja alles damals aufklären können. Diese Unsicherheit halten viele Ersterkrankte aus. Doch mir sind in den Jahren, seit dem Akutwerden meiner Erkrankung, derart viele Ungereimtheiten begegnet, dass es schwerfällt, an Zufälle zu glauben. Zwar glaube ich im gesunden Zustand nicht an eine Verschwörung gegen mich, aber seltsam waren die Zufälle doch. Doch bevor ich mich in Details dieses surrealen Erlebens verlaufe: Der Auslöser der gesamten Dynamik, die ich auf den nächsten Seiten entfalte, liegt weit in meiner Kindheit verborgen und ist real. Genau so real wie die Drogen, die ich in der Jugend genommen habe und der Missbrauch, den ich erlebt habe. Durch das Stigma meiner Erkrankung laufe ich jedoch Gefahr, dass mir niemals jemand hinsichtlich des Erlebten Glauben schenken

wird. Doch heute ist mir das gleich, ich glaube
und vertraue mir.

Wahnsinn

Ich ging danach in meine Wohnung und rief – nachdem mir die Klinik nicht wieder einfallen wollte – meine Eltern an. Diese mussten zwar weit zu mir fahren, jedoch waren sie nach einigen Stunden bei mir. Ich zeigte ihnen meine kleine Cannabisplantage im Wohnzimmer und sagte, ich sei auf Entzug. Denn tatsächlich: Seitdem ich mich verfolgt fühlte, hatte ich nicht mehr gekifft. Ich erzählte ihnen angsterfüllt alles, was ich erlebt hatte und was ich glaubte, erlebt zu haben.

Von nun an begann eine Zeit, von der ich vieles nur in Ansätzen wiedergeben kann, da ich meist starr vor Angst war und vieles verschoben wahrnahm. So dachte ich etwa, dass, ähnlich wie in der Klinik, vieles um mich herum ein Test sei. Wenn ein Mann mit einem Kind vor meinem Fenster vorbeiging, dachte ich, es sei ein Test. Wenn ich einen Krankenwagen sah, dachte ich, es sei ein Zeichen, zurück in die Klinik zu müssen. Wenn ich mit meiner Mutter unterwegs war, dachte ich, es werde stets von meiner Umwelt begutachtet, womit, mit welchen Büchern etc. ich mich beschäftige. Gleichzeitig hatte ich das Gefühl, mich damit auseinandersetzen zu müssen, dass ich missbraucht worden war, und mir Erholung von dem Erlebten zu verschaffen. So regte ich an, in den Zoo zu gehen, und schlug – obwohl ich stets Angst hatte und nachts kaum schlafen konnte – eine Reise ins Ausland vor. Meine Mutter glaubte mir, dass es nur der Cannabisentzug war, und sie blockte vehement ab, wenn ich die Klinik oder meine Therapeutin kontaktieren wollte. Ich gehorchte ihr und kam in einen immer größer werdenden Strudel aus Angst und Verzweiflung. Sie schickte mich joggen, gab mir Milch mit Honig zu trinken und versuchte alles, um mich zum Schlafen und in die Ruhe zu bringen. Doch ich dachte damals, dass alle gegen mich unter einer Decke steckten. Ich war paranoid und konnte es nicht äußern. Dann verließen wir die Stadt und fuhren mit dem Plan einer Auslandsreise – die ich mir in diesem inneren Chaos gewünscht hatte, da ich dachte, dann zur Ruhe zu kommen – in meine Heimatstadt, wo der Flieger startete. Dort angekommen hielt ich mich kurze Zeit in der Wohnung meines älteren Bruders auf, der dann mit einem zehn Zentimeter langen Messer auf mich zukam und sagte: „Auch damit kann man jemanden umbringen!" Ich verstand nur Bahnhof und bekam noch mehr Angst. Ich fühlte mich in meiner paranoiden

Wahrnehmung bestätigt, ihn in meiner Studienstadt gesehen zu haben, und auch darin, dass von ihm eine Bedrohung ausging. Ich verließ seine Wohnung und ging zu meiner Mutter. Ich sagte, dass ich in eine Klinik wolle. Doch sie meinte: „Das kannst du dem Vater nicht antun, der hat jetzt alles für die Reise arrangiert." Sofort gab ich klein bei und setzte mich in ihr Auto auf dem Weg zum Flughafen. Ich mochte zu diesem Zeitpunkt in meinem Leben paranoid und richtig krank gewesen sein, aber die geschilderten Dinge wurden genau so gesagt und fanden genau so statt. Dies war keine Einbildung! Nur was das alles zu bedeuten hatte, konnte und kann ich nicht endgültig auflösen. Nun gibt es zwar „gesunde" Zeitzeugen, doch meine Eltern erklären stets, dass es ja schrecklich sei, wie krank ich war und wie ich alles so „falsch" wahrgenommen hatte. Ich merkte und merke noch heute, dass ich ihnen nicht vertrauen kann. Denn wenn sie zugeben, dass das, was folgte, teilweise arrangiert war, würden sie mich sofort verlieren, und wenn sie es nicht zugeben, kann dies sein, weil sie die Wahrheit sprechen oder eben nicht. Mein Vertrauen in sie ist jedoch, anders als das Vertrauen in meine Wahrnehmung, gebrochen. Ich kann nur schildern, was passierte, ohne nur im Entferntesten hoffen zu können, dass mir jemand

Glauben schenkt oder alles Sinn ergibt. Und für mich gibt es für alles, was auf der Reise passierte, drei Deutungswege, die gleichermaßen unbefriedigend sind. Glaube ich daran, dass ich mir ALLES zusammengesponnen habe, stelle ich auch den letzten Rest meines gesunden Menschenverstandes in Frage (z.B. war es nur eine akustische Halluzination, was mein Bruder mit dem Messer sagte). Dieser Deutungsweg stigmatisiert mich maximal. Er ist derjenige, den meine Familie bis heute zu Unrecht favorisiert. Sie sagen im wörtlichen Sinne oder in Andeutungen immer, dass ich alles falsch interpretiere, eine „kranke" Perspektive auf Teile meiner Vergangenheit habe und all das nur Beziehungserleben war. Beziehungserleben ist Teil einer Psychose, die ich in der Tat entwickelte, weshalb viele Argumente, „Totschlagargumente", die meine GESAMTE Wahrnehmung in Frage stellen, dafürsprechen, dass ich alles auf mich bezog und wahllos mit mir in Verbindung brachte.

Wenn ich bei der zweiten Deutungsmöglichkeit alles in einem Sinn logisch miteinander verbinde, wirken alle Situationen aus heutiger Sicht wie projektive Tests, die an mir durchgeführt wurden und die ich in der Klinik ja wirklich erlebt hatte. Dann wäre meine Wahrnehmung richtig, und ich wäre nicht erkrankt, sondern in meiner Umwelt war alles arrangiert. Jedoch hätte dann auch die Medizin an meiner Wahrnehmung und meinem Zutrauen nichts geändert. Doch das hat sie.

Die naheliegendste Möglichkeit ist jedoch, dass sich die Realität im Wahn in einem Angstkonstrukt verselbstständigte, denn das, was ich beispielsweise in der Klinik an Befremdlichem erlebt hatte, verselbstständigte sich in meiner, wie ich später erfahren sollte, drogeninduzierten Psychose. Ich dachte, ich werde überall beobachtet und getestet und sicher hätte mir Reizabschirmung in einem Raum, dem ich Vertrauen schenkte, mehr geholfen als eine Reise ins Ausland, aber laut meiner Mutter durfte ich ja meinen Vater „nicht enttäuschen", da er sich so viel Mühe gegeben hatte. Und noch heute, zwanzig Jahre nach dem Erlebten, ist es so, dass – wenn ich meine Eltern nach Einzelheiten frage – sie den Weg der maximalen Stigmatisierung gehen, nichts mit mir aufzuklären versuchen und alles auf meinen damaligen Zustand schieben. Ich werde wohl zu Unrecht nie die Wahrheit erfahren; jedenfalls ist mein Vertrauen in meine Eltern derart erschüttert, dass ich ihnen nicht alles glauben kann. Mir selbst kann ich bezogen auf diese

Phase jedoch auch nicht in letzter Instanz vertrauen, da ich zu viel über Psychosen und Beziehungserleben weiß. Es bleibt, den Weg des „In between" zu gehen. Teile stimmten, aber wie sie zusammenhängen, kann ich heute leider nicht mehr klären. Ich möchte wertfrei meine Wahrnehmung schildern, um zu dokumentieren, wie ich mich und andere in Krisensituation wahrnahm. War es eine „gestörten Wahrnehmung"? Mit Sicherheit! Jedoch mischten sich Wahn und Realität, also die tatsächlichen Fakten, so, dass sie mich damals in meinen Augen immer tiefer in das Labyrinth der Krise stürzten. Ausdrücklich möchte ich an dieser Stelle festhalten, dass weder meine Eltern, die meinen psychiatrischen Hilfebedarf leugneten und die Therapeutin als einen Auslöser meiner Krise wahrnahmen, noch mein kurzer Psychiatrieaufenthalt, wie auch die Reise und alles, was folgte, eine echte Hilfe waren. Ich schildere im Verlauf alles wahrheitsgemäß, wobei ich nicht ausschließe, dass sich die verschiedenen Deutungsmöglichkeiten dabei überschneiden. Ich riskiere dabei, dass der Leser davon ausgeht, dass ich mir das alles eingebildet habe und in letzter Konsequenz auch meine Vergangenheitsgeschichte eine erdachte Geschichte ist. Ja, ich riskiere meine Anerkennung und mein

Standing, doch ich möchte meine ganze Geschichte erzählen und ein Puzzlestück, das entscheidend ist, und meine Entwicklung zur ersten Psychose – einem Zustand, in welchem ich buchstäblich meinen Verstand verlor, eine zutiefst verunsichernde Erfahrung – würde mir erst sehr viel später im Leben zugespielt werden.

Zunächst ging es jetzt aber ins Ausland. Ich fragte mich insgeheim, was mein Vater „arrangiert" hatte, und vieles kam mir seltsam vor. Am Flughafen ging Matula, mein Lieblingsdetektiv aus „Ein Fall für Zwei", an uns vorbei. Dies war keine optische Halluzination, aber ich wusste auch im Nachhinein nicht, ob es „arrangiert" war. Als Nächstes folgte ein Flugticket, auf dem eine Sehenswürdigkeit abgedruckt war, die in den Wolken verschwand. Nach akribischer Recherche und aus eigener Erfahrung hatte ich nie zuvor oder danach ein solches Ticket gesehen. Ich dachte damals: Das haben meine Eltern gemacht, damit ich gerne mitkomme. An meiner Panik, unter der ich nun schon seit etwa zwei Wochen litt, änderte das jedoch nichts. Wir flogen und trafen im Ausland auf meinen Vater. Dann gingen wir in ein Hotel außerhalb der Stadt. Meine Mutter achtete akribisch darauf, dass ich nicht rauchte, da sie meinte, dann werde ich noch nervöser. Ich erlebte es genau umgekehrt. In dem Hotel kam mir alles surreal vor. An vieles erinnere ich mich nicht, doch Fragmente sind übrig. Ich wollte Essen bestellen, fand jedoch die Worte nicht. Ich fragte an der Rezeption nach einem Wörterbuch (auf Anregung meiner Eltern). In diesem Buch war nach meiner eigenen Wahrnehmung auf mehreren Seiten nur das Wort „Wahnsinn" abgedruckt. Sonst fand ich nichts und ich ging davon aus, dass dieses Buch eigens für mich gedruckt worden war, um mir meinen Zustand vor Augen zu führen.

Am nächsten Tag ging es in die Stadt und mein Vater trat mir, die Aussicht genießend, auf den Fuß und sagte laut: „Pax bei der Hax", einen Spruch, den man gelegentlich zur Teufelsaustreibung verwendete. Ich sagte laut: „Aua!" Dann entschuldigte er sich bei mir. Dachte er wirklich, ich sei vom Teufel besessen?

Danach ging es wieder zum Essen, eine wilde Rollerfahrerin fuhr auf dem Weg vor uns her und meine Eltern deuteten an, dass dies bei mir auch einmal so gewesen war. War dies eine Inszenierung oder ein Zufall? Damals machten mir solche Überschneidungen einfach noch mehr Angst. Beim Essen schmeckte mein Getränk bitter und meine Mutter raunte: „Jetzt sind wir schon bei Valium." Sofort dachte ich, ich sei auch hier in Behandlung. Dass dies, wenn überhaupt, gegen meinen Willen der Fall gewesen wäre und ich als Volljährige dem nicht zugestimmt hatte, kam mir nicht in den Sinn. In jener Nacht schlief ich aus Angst bei meiner Mutter. Ich war getrieben und kam nicht zur Ruhe, dann passierte es: Ein geisterhafter Totenkopf kam auf mich zu. Meine erste und einzige optische Halluzination. Meine Mutter fühlte meinen Puls. Doch ich dachte, sie wolle mich in den Tod befördern. Kurzgefasst verknüpfte ich alles dahingehend, dass ich wahnsinnig sei, vielleicht sogar vom Teufel besessen und meine Mutter mich deshalb in den Gnadentod befördern wollte. Mehr Angst kann man im Leben kaum entwickeln. Am nächsten Tag ging es auf einen Ausflug. Zunächst sah ich am Straßenrand eine Krankenschwester mit einer Schwesternhaube mit einem roten Kreuz darauf. Sie winkte uns zu. Später sah ich in einem Wald eine Frau in einem Flamencokleid, und nein, wir waren nicht in Spanien. Im Gegensatz zu der nächtlichen Halluzination waren diese Personen real und ich dachte, sie seien da gewesen, um mir etwas zu sagen. Sollte ich im Ausland in der Psychiatrie landen, endete ich als Prostituierte, weil ich missbraucht worden war? Wir kamen letztlich zu einer berühmten Stadt am Meer. Dort angekommen trafen wir auf

große Touristenmassen, die sich von Kunsthisto-
rikern herumführen ließen. Was diese sagten,
ergab für mich jedoch kaum einen Sinn und ich
glaubte, Kritik an meiner Person und meinem
Reden über Kunsthistorie (ich war vor diesem
Tag diesbezüglich sehr interessiert gewesen)
herauszuhören. Nachmittags, zurück in der
Stadt, gingen wir an Straßenhändlern vorbei,
wobei ein Kohlengeruch in der Luft lag. Dann
stellten wir uns bei einer Kirche an. Ich ging als
Erstes am anderen Ende wieder heraus und
fragte einen Mann nach einer Zigarette. Ich ging
ein Stück mit ihm des Weges, als mich meine auf-
geregte Mutter einsammelte und sagte, ich dürfe
nicht einfach mit einem Fremden mitgehen. Sie
schimpfte mich aus, als wäre ich ein Hund oder
ein kleines Mädchen. Keine Frage: Die Gesamtsi-
tuation war für meine Eltern bestimmt schlimm.
Ich war mager, wirkte verstört, halluzinierte
nachts und war verwirrt. Sie tun mir heute sehr
leid für das, was ich ihnen zugemutet hatte, aber
es war ihre Idee, erst einmal keine psychiatrische
Hilfe in Anspruch zu nehmen, und ich muss nun
für den Rest meines Lebens zu Unrecht mit vie-
lerlei Ungereimtheiten leben.

Ich bezog in der Folge alles auf mich. Es waren
Studenten da, die in der Stadt zeichneten. Ich
dachte, das sei eine Kritik daran, dass ich diesen

Weg nicht gegangen war, oder sogar der Verdacht, dass ich das nicht könnte, denn Zeichnen war im gesamten Kunstspektrum nicht meine größte Stärke. Dann waren zahlreiche erstarrte Figuren in der Stadt, die sich für Geld bewegten, so viele, dass ich nicht mehr an einen Zufall glaubte. Ich glaubte, es werde von mir erwartet, selbst so zu erstarren. Und dann war da die Parade, wo ich tausende Anzeichen dafür fand, dass sie so arrangiert war, dass mein bisheriges Leben – sofern meine Eltern etwas davon wussten – an mir vorbeizog. Ich sah z. B. auf einem Auto ein Pfadfindersymbol und ich war doch bei den Pfadfindern gewesen. Ich dachte, mein Leben ziehe an mir vorbei, das sei es, was mein Vater vorbereitet hatte. Mit dem Zweck, dass ich mich danach aus dem Leben verabschieden würde. Dies alles erlebte ich fast erstarrt vor Angst und völlig in mich gekehrt. Ich sagte nichts, ich nahm nur wahr.

Am nächsten, letzten Tag sagten meine Eltern, wir könnten shoppen gehen, darauf meinte ich: „Ich brauche nichts!" Mein Vater bekniete mich, einkaufen zu gehen. Ich fragte: „Warum, wen interessiert es, was ich kaufe?" Darauf meinte er todernst: „Die Werbepsychologen!" Ich dachte ab da für den Rest der Episode, dass alles, was ich erlebte, ein psychologischer Test war, auch wenn ich alleine unmöglich so interessant sein konnte. Erst heute kommt mir in den Sinn, dass er das vielleicht allgemein gemeint hatte. Mein Erleben knüpfte jedoch an die Psychiatrieerfahrung an und vermischte sich mit dem Gegebenen. Auf einmal bedeutete jedes Kleidungsstück etwas und verborgene Werbepsychologen beobachteten mein Kaufverhalten. Mit hohen Schuhen war ich eine Dame, mit Sneakers noch eine Jugendliche; ich spann das Konstrukt so weit, dass ich dachte, mein Vater und meine Mutter hätten im Ausland einen großen Test für mich arrangiert. Gleichzeitig dachte ich, sie hätten die Welt aufgrund der Gerüche nach Kohle und anderem in Himmel und Hölle unterteilt, und ich hätte zu wählen, um den „richtigen" Weg zu gehen, denn sie dachten ja auch, ich sei vom Teufel besessen.

Ich war froh, als es nach Hause ging, wobei dies noch nicht das Ende war. Trotz meiner Schlaflosigkeit und meiner angstzerfressenen Seele – denn all das als real Erlebte machte mir Angst und war meine Realität, die ich nicht erzählen konnte – ging ich zurück, um zu studieren, jedoch raus aus meiner Wohnung ins Studentenwohnheim. Ich hatte insgeheim den Plan, mir dort einen Behandler zu suchen. Doch es kam nicht dazu.

Hubschrauber kreisten über dem Wohnheim, Studenten unterhielten sich bis in die Nacht laut und ich fand und fand einfach keine Ruhe. Ich hatte ja auch immer noch nicht einen sicheren Ort und war der Meinung, dass es diesen für mich auch gar nicht gäbe.

Erst in einer späteren Therapie lernte ich, dass man diesen Ort selbst in der Phantasie kreieren und dann regelmäßig aufsuchen musste, damit er wirkte. Auch lernte ich, dass es normal sein kann, dass der Ort sich von einem sicheren in einen bedrohlichen Ort verwandelt und man dann weitersuchen muss oder ein phantastisches Mittel erfinden muss, um sicher zu sein. Aber das weiß ich erst heute, damals fühlte ich mich verloren und einsam.

Mein neues Studium war Architektur, doch alles, was mir dort begegnete, kam mir seltsam vor. Enna, eine flüchtige Bekannte, war mit mir eingeschrieben und hatte für mich während meines Auslandsaufenthaltes einige Kurse gebucht. Sie führte mich am ersten Tag in einen Raum, der sich täglich veränderte. Dort befanden sich eine Hand voll Studenten, die an Kunstwerken bastelten. Ein Helm mit vielen Spiegeln, die in einem gewissen Abstand auf das Visier gerichtet waren, erinnerte mich an die Selbstwahrnehmung eines Kokainsüchtigen und auch mit den anderen Kunstwerken assoziierte ich etwas. Ich wanderte dort mehrere Tage ziellos herum, bis Enna eines Tages meinte: „Was hast du?" Ich sagte: „Angst." Darauf meinte sie: „Das hatte ich auch mal, lass sie einfach durch dich hindurchströmen und wenn du willst, stelle ich dich mal einem Kreis von Psychologen vor, die ich kenne." Ich sah sie nach dieser Woche bis vor einem Jahr nie wieder, da ich mich entschied, in mein Elternhaus zurückzugehen. Ich war nach einer weiteren Grenzerfahrung und einem blöden Zufall nicht mehr in der Lage, zu studieren, und es machte mich auch misstrauisch, dass Enna so viel über Psychologie zu wissen schien. Es hielt mich auch nicht in Vorlesungen, wo es um Siegmund Freud ging, aber ich dachte: Warum geht es bei Architektur um Psychologie? Es wunderte mich, dass diese Vorlesungen im Architekturgebäude stattfanden. Doch ich verlor mich. Mehr und mehr kam mir der Überblick abhanden und so sehr ich mich am Vorlesungsverzeichnis zu orientieren versuchte, ich kam nicht mehr zurecht und fragte auch nicht mehr. Doch stets dachte ich, alles habe mit mir zu tun. Ich hatte das Gefühl, das ganze Studium sei inszeniert, und da ich das Zeitgefühl völlig verloren hatte, dachte ich, das Ganze sei eine Inszenie-

rung zwei Wochen bevor das Studium tatsächlich losgehen sollte. Internet zum Gegencheck
hatte ich nicht. In jedem Fall lotste mich Enna eines Tages zu der Veranstaltung außerhalb der
Uni. Im Raum war ein roter Knautschsack in der
Mitte eines Personenkreises aufgestellt und wir
sollten mit dem Sack machen, was wir machen
wollten. Ich dachte, ich müsse beweisen, dass
mir mein Bruder keine Angst mehr machte! Fragen Sie nicht, welche verworrenen Gedanken
mich zu diesem Schluss brachten, aber jedenfalls
war es wie folgt: So sehr ich bis vor einigen Wochen nachts mit meinem Teddybär gekuschelt
hatte, so feste drosch ich nun auf diesen Sack ein.
An dieser Stelle hatte es keine Konsequenzen,
aber mein „kleiner" Bruder sollte mich später
durch die Blume auf meinen Umgang mit leblo-
sen Objekten ansprechen und es war, als wäre er
damals von der Szene in meiner Studienstadt informiert gewesen. Denn er wunderte sich, man
denke, jemand würde einen Sack streicheln, das
würde er so von der sogenannten Snoozelthera-
pie kennen. Sie sehen, wahnhaftes Beziehungserleben und Paranoia mischten sich mehr und
mehr mit der Realität. Denn der Raum mit den
Kunstwerken und der Personenkreis mit dem
Sack in der Mitte, alles hatte stattgefunden, aber

was hatte es zu bedeuten? Enna meinte bei unserem letzten Treffen, der Prof. hätte versucht, seine Studenten zu brechen und dann wiederaufzubauen, und sie habe auch im weiteren Verlauf zwei Krisen gehabt. Doch ich brach freitags ab, als in dem Kunstraum nur noch ein verstörter Student herumlief, der ständig „Wahnsinn, Wahnsinn!" vor sich hinsagte. Da war es wieder, das Wort „Wahnsinn", wollte mir meine Umwelt in Italien und nun in meiner Studienstadt etwa sagen, dass ich wahnsinnig war? Ich wollte doch nur anfangen, zu studieren und dann weit weg von meinen Eltern einen Psychiater, den ich meiner Meinung nach brauchte, aufsuchen. Das war damals mein Plan, den ich durch diese unwirkliche Begegnung als vereitelt betrachtete. Ich brach ab. Gegen Wahnsinn gab es schließlich keine Pillen und es war nicht mein Plan, im Focus der Aufmerksamkeit zu stehen. Mein Vater packte meine Habseligkeiten in einen Sprinter und es ging zurück ins Elternhaus. Psychiatrische Hilfe rückte damit, wie sich dann herausstellte, zunächst in weite Ferne. Meine Mutter wiederholte immer wieder, es sei doch meiner Meinung nach nur der Drogenentzug und da müsse man eben warten.

Es macht mich heute noch wahnsinnig wütend, da meine Mutter heute noch in jedem Gespräch behauptet, später – als ich gesagt hatte, ich sähe nur noch grün, was ich mir damals ausgedacht hatte, um endlich richtige Hilfe zu bekommen – habe sie sofort reagiert. Aber was war davor, in der Zeit, als ich vor Angst fast gestorben wäre? Sah sie meine Not nicht, war sie so hartherzig oder trieb die Verzweiflung sie in die Leugnung meiner Situation? Wahrscheinlich war es eine ungesunde Mischung aus widersprüchlichsten Sorgen. Jedenfalls verwehrte sie mir noch zwei Monate professionelle Hilfe, während sie mir gleichermaßen Tests und Angebote entgegenzubringen schien. Ich verstand nur noch Bahnhof aufgrund der Doppelmoral und der täglichen Doppelbotschaften, die erst endeten, als ich begann, zu übertreiben und zu lügen. Ja, ich war akut, und ja, ich verstand vieles nicht richtig oder bezog es auf mich, obwohl es vielleicht ein Zufall war, aber es waren eben viele Zufälle. Schnelle, professionelle Hilfe und die richtige Medizin hätten mir einiges erspart, doch das sollte ich eben erst später erfahren.

Meine Mutter machte für mich einige Arzttermine und meine Eltern gaben mir eine Tagesstruktur vor. Einkaufen, joggen etc. Doch auf den Joggingtouren kam es mir so vor, als sei alles auf den Wegen inszeniert und wenn ich ins Geschäft ging, kam Musik vom Band, von der ich dachte, dass sie nur meinetwegen gespielt werde, da mich die Lieder an manche meiner Freunde oder so erinnerten. Ich hatte schon einige Arztbesuche hinter mir, einer bei einem Augenarzt, bei dem ich Lichtflecken verfolgen sollte, eine Untersuchung, um die ich nicht gebeten hatte, und ein Zahnarztbesuch, bei dem eine große Buche an der Wand hing. Ausgerechnet diese hatte ich als sicheren Ort meinen Eltern gegenüber in einem vorigen Gespräch erwähnt. Warum hing die nun da? Zufall? Und dazu die Hubschrauber, die über der Praxis kreisten. Ich dachte, von mir werde erwartet, dass ich mich aus Angst vor der Zahnbehandlung und den Hubschraubern ganz in mich zurückziehen würde, und das tat ich auch. In einer Art übertriebenem, hysterisch-passivem Zustand saß ich auf dem Arztstuhl. All das kam mir seltsam vor. In einem anderen Arztzimmer saß ich mit meinem Vater und er bekniete mich, mir die Bilder an der Wand und nicht die Menschen anzusehen. Damals dachte ich: Er will nicht, dass die merken, dass ich krank bin. Doch was war, wenn dies ein projektiver Test war und er deshalb nicht wollte, dass ich die Leute ansah?

Eines Nachmittags riefen verschiedene Menschen aus meinem Bekanntenkreis an. Ich war alleine zu Hause und ging ran. Erst mein „kleiner" Bruder, der meinte, sie würden am Wochenende ein Verkleidungsfest bei sich feiern und nächste Woche käme er. Ich sagte nicht viel dazu und verabschiedete mich. Dann rief ein alter Bekannter aus der Schule an und sage, er säße in einer Klinik mit einem Piratenkopftuch auf dem Kopf, ob ich ihn besuchen wolle. Dies erzählte ich später meiner Mutter, wobei sie nicht überzeugt war, dass das eine gute Idee sei. Diese Anrufe kamen mir inszeniert vor und mehr und mehr wurde ich auch sauer, dass etwas im Gange zu sein schien, von dem alle außer mir Ahnung zu haben schienen. Das Piratenthema begegnete mir sieben Jahre später erneut, doch bereits an diesem Nachmittag kam mir alles arrangiert vor!

Aber nach den Anrufen war ich richtig wütend und somit ging ich raus. Ich kam zu einem Haus, in welchem, anders als früher, eine Kampfschule mit Probestunden warb.

Ich dachte, das wäre was. Dann könnte ich mich endlich wehren, aber nachher dachte noch jemand, ich hätte Gewaltphantasien. Resigniert ging ich in die nächste Eckkneipe, wo mir Edgar, ein Namensvetter meines Vaters, Bier und Zigaretten anbot. Ich ging mit ihm nach Hause. Ich wollte nicht mehr zu mir in meine arrangierte Hölle. Doch in seiner Wohnung befand sich eine Waffensammlung. Ich bekam ein mulmiges Gefühl und ließ mich von meinen Eltern, die mich wie ein Schulmädchen ausschimpften, abholen. Ich war zwanzig. Doch warum war ich diesen Weg gegangen, anstatt mich in der Kampfschule zu melden, warum war ich bei einem „Edgar" gelandet? Eine Antwort würde ich sehr viel später erhalten.

Mein späterer Aufenthalt bei meinem „kleinen" Bruder war nicht weniger kraus, doch ich hatte das Gefühl, er umgab sich mit einer gespielten Hölle. Ich war akut, ja richtig akut.

Da meine Eltern nie darauf reagierten, wenn ich sagte, ich brauche Hilfe, war ich eines Tages so fertig, dass ich eine Rasierklinge nahm und wegging. Ich wollte mir wegen des nicht enden wollenden Albtraums das Leben nehmen. Doch kurz davor dachte ich: „Ich habe noch nicht alles versucht, und wenn sie mich beobachten, dann suchen sie mich jetzt bestimmt schon!" Und so war es. Ich kam zurück und mein Vater war zu Hause, ganz aufgeregt. Ich sagte nicht, was ich vorgehabt hatte, doch er schien es zu wissen und so ging ich davon aus, dass sie mich überwachten. Ich ging später in mein Zimmer und sagte laut vor mich hin: „I, eklige Spinnen sind das hier, ich habe Angst, die sind ja mannshoch." Einige Tage später war meine Mutter bereit, mich Hilfe aufsuchen zu lassen.

Der Richtigkeit halber muss man sagen, dass sie mich schon vorher einem Arzt und Therapeuten vorstellten, doch der empfahl mir nur ein Buch, „Der Kaufmann und der Papagei", und sagte mir, als meine Eltern rausgegangen waren, ich solle sie doch umbringen.

Die gesamte darauffolgende Nacht schlief ich nicht, denn ich dachte, das Ganze sei ein Test meiner Gewaltbereitschaft. Ich hatte mehr Angst als jemals zuvor und letztlich ließ mich nur die Vorstellung einschlafen, dass ich mich in die Hand Gottes legte. Das war mein sicherer Ort. Ich hatte ihn für einen Moment gefunden und ich überstand die Nacht.

Nach diesem glorreichen Arztbesuch war ich froh, denn ich durfte meine Therapeutin aus meiner Studienstadt anrufen, die dann einen Psychiater empfahl. Nach der Sache mit der Spinne hatte ich auch behauptet, alles sei grün, naja, ich hatte aus Verzweiflung übertrieben.

Sie fragen sich vielleicht, warum eine zwanzigjährige Frau, die ihre Mutter eigentlich hasst, weil diese sie zur Abtreibung ihres ersten Glücks gezwungen hatte und vorher nicht für sie da gewesen war, als sie Hilfe beim Missbrauch gebraucht hätte, dieser Mutter derart hörig ist. Da kann ich nur sagen, sie konnte sehr überzeugend sein und sie kannte alle Kniffe, mich einerseits zu einem Arzt zu bringen, mich aber andererseits hinsichtlich meiner Grundproblematik unbehandelt zu lassen. Vielleicht hatte ich dieses Pech verdient, weil ich aus Hörigkeit ein kleines Menschenleben in mir getötet hatte, aber vielleicht hatte ich auch ein Kind in mir, dass die strafende Mutter fürchtete und die beschützende Mutter suchte. So oder so, ich war ihr ausgeliefert, zumal ich sie liebte, ihre Hoffnung auf meine Spontangenesung nicht enttäuschen wollte und ich wirklich sehr krank war. Also musste ich sie erst überzeugen, bevor ich die Hilfe bekam, die ich brauchte. Der Psychiater, zu dem wir dann gingen, schlug auch eine Spezialklink vor, doch ich hatte genug von Kliniken und als meine Eltern meinten, sie kriegen das ambulant begleitet hin, entließ er mich mit einem Rezept, dass ich noch lange aus Krankheitsgründen für ein Placebo hielt, doch es wirkte. Der Psychiater erlaubte mir auch, wieder zu rauchen, was ich sofort beim Verlassen der Praxis tat. Ich hatte insgesamt das Gefühl, einen langen Kampf gewonnen zu haben.

Neuanfang

Ein Vierteljahr später konnte ich in meiner Heimatstadt anfangen, zu studieren, und ich zog dort in ein Studentenwohnheim. Ich war erst mit einem Partner in einer Fernbeziehung und traf dann meine Lebensliebe, einen weiteren Mike, mit dem ich noch heute zusammen bin. Er hat mit mir schon viel durchgemacht, wir lieben uns wirklich, tun uns manchmal gut und manchmal schlecht, aber was auf uns zukommt, wissen wir nicht. Ganz anders, als es mir prophezeit worden war, verlief mein Leben.

Insgesamt stabilisierte ich mich mehr und mehr. Drogen außer Zigaretten waren kein Thema mehr und ich machte eine Abgrenzungstherapie, die Vorteile hatte, jedoch viel zu lange andauerte und Wesentliches offenließ. Ich wollte den Missbrauch aufarbeiten und die Therapeutin arbeitete mit mir im „Hier und Jetzt" und an meiner Abgrenzung. Sieben Jahre fast jede Woche. Die ersten vier Jahre war ich zufrieden, denn ich lernte, viele Muster aufzubrechen, die ich aus meiner Kinderschule mit in mein Erwachsenenleben genommen hatte, doch meine Geschichte blieb paradoxerweise dennoch unbeachtet. Sowohl meine Krankheitserfahrungen, meine Wut auf meine Eltern als auch vieles andere wurden tabuisiert. Dann wollte ich mehr Klarheit über meine Vergangenheit, doch dies verwehrte sie mir. Ich sei dafür nicht geeignet. Vielleicht hatte sie recht, aber da sie mir nicht sagte, warum, glaubte ich ihr nicht. Zu Unrecht war sie nicht transparent und zu Unrecht komme ich erst jetzt dazu, meine gesamte Geschichte zu erzählen, und zu Unrecht begleitete sie mich nicht hin zu den Bereichen meines Lebens, die mir Schwierigkeiten, Flashbacks und nächtliche Panikattacken bereiteten.

Die Büchse der Pandora

Nach sieben Jahren hatte ich schon einige Zeit eine Veranstaltung eines Psychoanalytikers im Rahmen meines neuen Studiums besucht. Er deutete viel an und ich versuchte, daraus Schlüsse für mich zu ziehen. Ich war fasziniert von ihm, denn ich erhoffte mir von seinen Andeutungen Heilung, doch er schien mich nicht zu mögen. Eines Tages im Sommer kam ich zu einem offenen Abschlusstreffen von seinen Studenten. Ich nahm mir vor, nur kurz zu bleiben, doch als ich ihm auf Wiedersehen sagen wollte, fuhr er mich an: „Sie habe ich nicht bestellt!" Ruckartig setzte ich mich und blieb bis in die Nacht. Ich verstand mich selbst nicht, aber Befehle wollte ich bei einem freien Treffen nicht entgegennehmen. Dies war die erste Begegnung persönlicher Natur mit ihm, nachdem ich ihm vorher, bei einem der wöchentlichen Kneipentreffen, unterbreitet hatte, dass ich ihn und einen anderen Prof., den ich nicht gut kannte, der aber vorgab, mit schwierigen Kindern zu arbeiten und an sie zu glauben, als Prüfer wählen wollte. Da wusste ich noch nicht, dass der Analytiker mit diesem Menschen nicht mehr prüfen wollte, da dieser eine Studentin zum Weinen gebracht

hatte. Der Analytiker und ich gingen am Knei-
penabend einen Weg zum Zug zusammen, doch
nachdem ich ihm meinen naiven, unfertigen
Plan unterbreitet hatte, ließ er mich wörtlich
links liegen und rannte zum Bahnhof. Ich verstand die Welt nicht mehr, denn beide waren of-
fizielle Prüfer meines Hauptfaches. Später erst
erfuhr ich, dass er nicht mehr mit meinem Prüfer
zweiter Wahl prüfte. Es hatte ein Zerwürfnis
zwischen den beiden gegeben. Als wenn es heute
wäre, weiß ich noch, dass er den anderen Prüfer
wütend beim Wegrennen als ein „sich stark ver-
dichtendes Nichts!" bezeichnete, sein Unver-
ständis ausdrückte und dann regelrecht vor mir
davonrannte. Dass er diese Wahl auf mich bezog
und sie mir persönlich verübelte, merkte ich erst
in der Woche darauf. Generell war ich vorher
sein Fan gewesen, denn er erzählte in den Vorlesungen oft ausschweifend, wie gut er psychisch
erkrankten Menschen in seiner Praxis half und
ich sog dieses mittelbare Wissen wie ein
Schwamm auf und wendete es eins zu eins auf
mich an. Also wenn er beispielsweise von einer
Psychotikerin sprach und sagte, dass er an ihrem
Blick etwas Kaltes wahrnahm, suchte ich in mir
nach Kälte und tatsächlich, ich fand unzählige
kalte Stellen in verschiedenen Stadien meiner
früheren Entwicklung. Ich wusste es nicht besser

und taute sie abends im Bett Stück für Stück auf. Bilder wurden freigesetzt, Gefühle wie Angst und Schmerz und Schauer durchfuhren mich. Ich konnte, da ich dabei frei assoziierte, jede kalte Stelle einer klaren Verletzung in meiner Vergangenheit zuordnen, was mich dazu brachte, weiter in die Veranstaltungen des Professors zu gehen. Denn nun hatte ich sie kostenfrei und zu Hause, die Traumaaufarbeitung, von der ich immer geträumt, ja, die ich mir gewünscht hatte, um endlich frei von der Vergangenheit zu sein. Und dann kam es, ein Trauma, eine Verletzung im Intimbereich in einem Alter von etwa zweieinhalb Jahren. Vertrauensvoll taute ich sie auf und eine unendlich erscheinende Panik durchfuhr mich. Ich sah genau die Szene. Ich weinte, weil meine Mutter und Brüder ohne mich aus dem Haus ggegangen waren. Mein Vater nahm mich im Schaukelstuhl auf den Schoß und vergewaltigte mich. Dann trug er mich hoch, duschte mich ab und packte mich in mein Bett, wo er mich alleine ließ.

Entsetzen packte mich. „Das passiert nun mal, wenn Frauen weinen", das hatte er gesagt, bevor ich meine erste Psychose bekam. Direkt am nächsten Tag rief ich meinen Psychiater an, da ich merkte, dass eine schwere Depression bevorstand und ich in meinem Studium gelernt hatte, dass sich daraus eine Psychose ergeben konnte. Der Psychiater verschrieb mir ein Schlafmittel, das seinen Zweck leider nicht erfüllte. Die Lage war zu ernst. Da ich auch gelesen hatte, dass sich manche Missbrauchsopfer oder andere Therapieteilnehmer fälschlicherweise in ödipaler Konstellation den Sex dazu denken, blieb mir neben dem Beweis meiner Erinnerung noch eines zu tun. Ich brauchte Klarheit und rief meinen Vater an. Ich fragte, ob er allein sei. Er bejahte und dann passierte etwas Unglaubliches: Er gab es zu und entschuldigte sich vielmals. Da brach ich in der Wohnung zusammen und sackte in mich zusammen. Waren schon meine Brüder nicht meine Helden gewesen, so doch mein Vater. Hatte er nicht Jeans für sich gekauft, um der Mutter zu zeigen, dass sie Mode und nicht Revolution bedeuteten? War er nicht mit ihr in die Tanzschule gegangen, als sich kein Partner fand? War er nicht der, der sie nie angerührt hatte, ihr Ideal eines Partners? Ich legte auf und dann ging alles ganz schnell. Ich dachte auf einmal voller Angst, meine Eltern überwachten mich in einem Wagen vor der Wohnung, und ich ließ schnell die Rollläden herunter. Das Bedrohungserleben kam so plötzlich. Sofort dachte ich, alles ist ein psychologischer Test. Doch dann beruhigte ich mich

und ging ins Schwimmbad, um mich abzurea-
gieren. Ich tauchte unter und schrie unter Wasser
so laut, dass meine Lunge danach fast weh tat.
Dann ging ich an die Uni. Dort in der Bibliothek
saßen meine Studienfreunde. Ich las ein Buch,
dann kamen zwei Studentinnen herein, gingen
hinter die Regale und redeten wild durcheinander. Sofort dachte ich: „Werde ich jetzt etwa auch
hier getestet, ob ich Stimmen höre?" Zur Klarheit: Einer meiner Studienfreunde beschwerte
sich dann über den Lärm, dem Blick einer anderen Bekannten nach hätte er das jedoch nicht tun
sollen. Es war skurril. Denn ich wusste, es konnte
nur ein Test sein, und alle außer mir waren eingeweiht. Doch war ich so wichtig? Und wer
wollte wissen, ob ich Stimmen hörte? Da meine
Therapeutin in Urlaub war, informierte ich unre-
flektiert die studentische Hilfskraft über meine
Verarbeitung meiner Vergangenheit. Doch sie
meinte nur, ob ich da nicht eine Therapie machen
wolle, und ich bestätigte lapidar, dass ich dabei
war. Ein wenig war ich, trotz meiner Beziehung
zu dem zweiten Mike in meinem Leben, in die
Hilfskraft verliebt und es schmerzte mich, dass
er trotz meiner Offenheit nicht zugewandter und
interessierter reagierte. Aber gut, was erwartete
ich? Was blieb, war das Gefühl, dass meine
Freunde nicht meine Freunde waren, sondern

mich ungefragt testeten. Die Angst der Psychose wurde von Stunde zu Stunde stärker und mich überkam der Verdacht, in ein psychologisches Projekt eingebunden zu sein, in das meine „Freunde", die also doch gar keine waren, eingebunden waren. Auch das ist, streng genommen, Beziehungserleben. Aber die Situation in der Bibliothek und das Gefühl, allein zu sein, wurden ab da wieder zu meinen innigsten Weggefährten. Mein heutiger Mann, der neue Mike, war damals beruflich sehr eingebunden und erlebte nur am Rande den Wahnsinn, den ich in der Folgezeit durchlebte. Ich dachte alles zu Ende und kam zu dem Schluss, dass ich wieder in meiner Psychose gefangen war, wobei ich zwischen der Regressionsstufe als Zweieinhalbjährige, Siebenjährige und Sechzehnjährige hin und her waberte und in den folgenden Wochen versuchen sollte, alles aufzuarbeiten und „richtig" zu machen. Dabei kam ich mir als Teil eines im realen Leben stattfindenden Psychologieprogramms mit Inputs verschiedener psychologischer Schulen vor. Das Ganze nannte ich in mir so, wie ich heute mein ganzes Leben, auch ohne Psychose, bezeichnen würde: eine Reise ohne Wiederkehr. Also war ich beispielsweise auf einer Musikveranstaltung in einem Park. Dort auf der Bühne wurden Lieder gespielt, die ich auf mich bezog, und da sie besagten, dass mir kein Mann auf Dauer genügen würde, wurde ich sehr traurig und fuhr nach Hause, bevor meine Lieblingsband, die „Phantastischen Vier", spielten. Es war surreal, unter den Bäumen schoben Mütter mit Babys ihre weinenden Kinder (am Abend auf einer Musikveranstaltung), und vorher, als ich an einem Wurststand war, sagten zwei Frauen verächtlich in meine Richtung, dass sie ja jeweils schon ein Kind großgezogen hatten. Ich fasste das alles als Anspielung auf meinen Umgang mit meinem inneren Kind auf. Denn als meine Therapeutin noch da war, hatte sie mir geraten, gut mit meinem inneren Kind umzugehen, doch ich wusste gar nicht, wie das ging und was mein Kind brauchte. Sie meinte, ich solle es in den Arm nehmen, doch ich konnte es einfach nicht. Ich verzweifelte in diesem Park, weil meine Umwelt mir zu spiegeln schien, dass ich schlecht mit meinem inneren Kind umging. Und ich dachte nur, wenn die wüssten, dass ich drei Kinder „in mir hatte", eines vom Vater vergewaltigt, eines vom Bruder missbraucht und eine schizophren geworden, weil sie zur Summe aller Brutalitäten auch noch zur Abtreibung gezwungen worden war. Das war nicht ein Kind und da gab es auch nicht nur eine Lösung und ich wusste gar nicht, was meine Kinder brauchten, da ich nicht gelernt hatte, zu geben, was ein Kind brauchte. Aber wer weiß? Vermutlich hatte alles nichts mit mir zu tun, aber es regte meine Gedankenwelt an und konnte auch bedeuten, dass ich später, wenn ich mit Mike ein Kind haben sollte, eine schlechte Mutter sein würde.

Jedenfalls ging ich zur Bahn. Da sprangen mehrere Gestalten aus der Menge und sagten: „Jetzt sind wir schon bei Farben, rot, grün, blau." Entsprechende Farben hatten ihre Zungen und ich fand, sie sahen wie das Ideal von Kinder- und Jugendpsychologen aus. In der Bahn dann wirkte die Atmosphäre wie eine Ansammlung von Menschen mit schizophrener Disposition und einer raunzte mich an: „Wir halten uns wenigstens an uns selbst fest!" Da denke ich heute, was für eine blühende Phantasie ich damals hatte. Ich dachte nämlich, dass schizophrene Menschen ein Vertrauensproblem gegenüber anderen haben und somit Halt in sich suchen und finden und nur erkranken, wenn sie diesen verlieren. Doch ich war erkrankt und in dieser Bahn und in meiner gedanklichen Umlaufbahn wurde ich genau dafür kritisiert, ohne zu wissen, wie ich es hätte anders machen sollen. Es war eine Situation wie in meiner ersten Studienstadt im Architekturstudium. Skurril und vertraut zugleich.

Auf dem Nachhauseweg in der Bahn fiel mir eine alte Oma in einem rot gekleideten Kind auf und ich dachte sofort, jetzt werde ich schon wieder kritisiert, dass ich nach Hause fahre, anstatt die Veranstaltung zu Ende besucht zu haben. Im Nachhinein betrachtet: Die Leute waren unfreundlich, ich war alleine, weil mein Partner keine Zeit hatte, und ich war psychotisch und hatte die ganze Zeit das Gefühl, kritisiert zu werden, egal, was ich tat. Und die Leute schienen mehr über mich zu wissen als ich selbst. Es war zu viel und mein gutes Recht, nach Hause zu gehen. Damals dachte ich nur: „Ein psychologisches Projekt nur für mich, ich muss es unbedingt bestehen, dann bin ich geheilt." Doch als ich nach Hause kam, merkte ich erstmals, wie mich der Tag geschafft hatte und wie psychotisch ich war.

Ich erzähle nicht die ganze Zeit der Krise, aber herausragend war beispielsweise, als ich mit Mike gemeinsam einen Flohmarktstand gemacht hatte. Ständig hörte ich Raben krähen und ich dachte, sie stünden – wie im Ausland damals der Kohlegeruch – für die Hölle. Verstärkt wurde dieser Eindruck durch Filme, die ich in der Woche zuvor gesehen hatte, in welchen Leute Teufel auf die Schulter tätowiert hatten und im Beisein ihrer Kinder rauchten – oder auf dem Balkon oder gar nicht und dann auch kein Teufelssymbol trugen. Am Ende des Films wurde eine Frau gezeigt, die nicht rauchte, und von der ihr Mann sagte, dass hier jedes Kind bekam, was es zu essen brauchte, und sie liebte jedes ihrer eigenen Bilder, lebte in einem lustigen Haus und fuhr am Ende des Films in einem Sportwagen weg. Solche Filme haben Sie noch nie zuvor gesehen? Ich auch nicht, weshalb ich zwei Dinge dachte: „Mein Fernseher ist manipuliert und das sind psychologische Lehrfilme." Und: „Ich will und soll so sein wie diese Frau." Verschobene Wahrnehmung sicherlich, aber ein Stück Selbstfindung war auch dabei. Damals wusste ich jedoch noch nicht, dass eines meiner inneren Kinder z. B. das Rauchen brauchte und es für dieses Kind keine „Hölle" war. Warum dachte ich aber, dass das Programm gesteuert war? Weil ich einige der Filme dieser Wochen schon sieben Jahre zuvor bei meiner ersten Psychose gesehen hatte. Deshalb mied ich, anders als sonst, die meiste Zeit das Fernsehen und wurde misstrauisch gegenüber Mike. War er in das „Komplott", die allumfassende „Therapie", wie ich hier nur lachend schreiben kann, eingeweiht? Sonst wäre doch nie jemand in meine Wohnung gekommen. Schon vor dem gemeinsamen Flohmarkt hatte ich gedacht, alles sei ein Test. Welche Wege ich joggte, wo ich mich in der Bahn hinsetzte und was ich sonst so machte. Immer wurde die Frage gestellt, ob ich mich von den Missbrauchsmustern lösen könne. Das hätte bedeutet, dass ich auch selbst nicht Gefahr lief, zu missbrauchen. Denn Jahre zuvor hatte ich im Internet gelesen, dass ehemalige Opfer von Missbrauch Missbrauchsgedanken hatten, und ich war überzeugt, dass – würde ich den Missbrauch nicht aufarbeiten – ich ihn zumindest auf seelischer Ebene weitergäbe. Das ging nicht und ich wollte doch so gerne mit meinem neuen Mike eine Familie gründen. Aber ich joggte beispielsweise immer dieselben Wege an meinen „Tätern" vorbei, die durch Menschen, die Hecken schnitten, verkörpert wurden. Somit „lernte" ich, dass ich es nicht verarbeitet hatte und mir immer wieder Täter suchen würde. Das mit der Hölle war dann jedenfalls mein Thema auf dem Flohmarkt. Doch kaum hatte ich ausgesprochen, dass ich auf das Himmel-/Höllenthema keinen Bock mehr hatte, liefen lauter rot gekleidete Personen, die sehr stabil und gesund wirkten, über den Flohmarkt. Sie gingen langsam. Ich hielt sie für meine geliebten Tiefenpsychologen. Ich jedoch musste dringend zur

Toilette und überholte sie. Auf einmal veränderte sich die Szenerie und ich wurde geschubst und angerempelt, dann ging ich aufs Dixi und es wurde geschaukelt. Sofort assoziierte ich meine Abtreibung mit dieser Sache und wertete es so, dass ich die Chance zum tiefenpsychologischen, glücklichen Nachreifen hin zu einem erfüllten Leben verfehlt hatte und verdammt war, ein rücksichtsloses Leben in der Ellenbogengesellschaft, wie etwa meine Mutter, zu führen. Ich war fix und fertig. Psychotisch setzte ich mich also auch hier mit Richtig und Falsch und mit meinen Möglichkeiten des Nachreifens auseinander, wobei mir scheinbar immer wieder vor Augen geführt wurde, dass ich nicht besser als meine grausame Mutter und meine restliche Familie war. Auch wenn ich keine Missbrauchsgedanken hatte. Die Tests und Filme spiegelten für mich meine Unzulänglichkeit.

Ich entnahm in der Folge aus dem Wechsel der Autos zu Hause vor meinem Fenster, dass ich den roten, gesunden Weg verlassen hatte und da schwarze und weiße Autos kamen, deutete ich es als „Zeichen", dass ich zum Schutz der Kinder in meinem Liebesleben Sadistin (schwarz) oder Masochistin (weiß) zu werden habe. Dies erinnerte mich an meinen älteren Bruder, der im letzten Abschlussgespräch vor sechs

Jahren deutlich gemacht hatte, dass er jetzt in einer SM-Beziehung lebe und keine der früheren Neigungen mehr habe. Damals dachte ich nur: „Zu viel Information über seine Sexualität", die er mir zu Unrecht zukommen ließ.

Jetzt bezog ich wirklich alles auf mich. Als ich meiner Mutter am Telefon sagte, dass das Projekt wohl laufe, damit ich nicht echt in eine Psychose abdriftete, bejate sie dies. Aber man kann das Ganze auch als pures, wahnhaftes Beziehungserleben und eine Art Psychologiewahn deuten, der mich mit der existenziellen Frage meiner Möglichkeiten der Zukunft aufgrund meiner Vergangenheit konfrontierte. Da ich aber glaubte, dass meine Eltern dieses Projekt bezahlten, rief ich meine Mutter immer wieder an, wobei mir dann durch eine die Hecke schneidende Nachbarin veranschaulicht wurde, dass meine Entwicklung dahin ging, die Nähe zu einer Täterin zu suchen. In der gesamten Zeit weinte ich ständig.

Ich machte aber auch Dinge wie etwa das Auto zum Service zu bringen und mit der Bahn zurück zur Wohnung zu fahren. In der Bahn roch es neben Jugendlichen nach Urin, dennoch setzte ich mich auf einen freien Platz neben sie. Zu Hause angekommen waren sehr viele Jugendliche im Viertel unterwegs. Ein paar sangen: „Heidi, deine Welt stinkt nach Pisse!" Ich ging in die Wohnung und brach zusammen. Wollten mir die Psychologen sagen, dass ich pervers war und auf Jugendliche stand? Testeten mich meine Eltern dahingehend? Weil mein Bruder zu Beginn ein Jugendlicher gewesen war? Wenn, dann zu Unrecht, denn das Einzige, was mir hin und wieder passierte, war, dass ich als Flashbacks die Schmerzen der Berührungen spüre, der Intimberührungen, die mir Vater und Sohn zugemutet hatten. An jenem Abend kam jedenfalls mein Mann nach Hause und sagte: „Das war gemein." Steckte er da mit drin? Ich war zu verwirrt, um zu fragen, und noch heute leugnet er alles. Doch ich liebe ihn, denn ich war darüber wahnsinnig geworden, dass mein Vater mich vergewaltigt hatte. Ich fühlte mich wegen dieser frühkindlichen Extremerfahrungen durch Männer nur bei meiner damals eigentlich sehr grausamen, unempathischen Mutter sicher und ich glaubte ja auch, dass sie wusste, was der Test bedeutete, dass sie ihn organisiert, bezahlt und begleitet hatte, dass ich auch den Kontakt zu ihr hielt und halte. Mein inneres Kind hat vor ihr einfach weniger Angst als vor der Männerwelt. Dennoch stehe ich nicht auf Frauen, das ist einfach genau so, wie ich es schildere. Sexuell hingezogen fühle ich mich zu Männern. Mein Vertrauen schenke ich nach wie vor leichter Frauen. Der neue Mike war da die absolute Ausnahme.

Später einmal wurde mein Vertrauen in Frauen auch gebrochen: Als ich mit Mike vor unserer Heirat eine Trennungszeit hatte, meldete sich eine alte Freundin bei mir. Sie fragte irgendwann am Telefon, ob ich Kinderschenkelchen auch so erotisch fände? Mir wird heute noch kotzübel, wenn ich an dieses Telefonat denke. Damals sagte ich nichts, brach aber bald den Kontakt ab, denn pädophil bin ich nicht. An schlechten Tagen spüre ich zwar die aufgetauten Schmerzen im Intimbereich, wenn ich ein Kind sehe, aber ohne Lust zu verspüren. Denn wenn, legt sich das Lustgefühl wohl über den darunter verborgenen Schmerz, doch ich war keine Sadistin oder Masochistin und bin es auch heute noch nicht und Kinder liebe ich platonisch innig, aber ich kann mir gut vorstellen, dass Sexualität in ihrem Leben noch keine Rolle spielt, und in meinem wird mir schon alleine bei dem Gedanken durch eine Reinszenierung durch mich kotzübel. Damals, bei der ehemaligen Freundin, dachte ich jedoch im Nachhinein doch auch wieder, es sei ein Test gewesen. Ich selbst sollte mich ab dem Heidilied für mehr als ein JAHRZEHNT zwanghaft bei jeder Kinderbegegnung prüfen, ob ich so eine Neigung hatte.

Resümee der Dokumentationsarbeit

Seit ich mir gar keinen dieser von mir vielleicht teilweise nur phantasierten Schuhe mehr anziehe, bin ich viel selbstbewusster und zufriedener geworden. Doch bis zu diesem Punkt musste ich vierzig Jahre alt werden. Meine Befreiung aus allen Käfigen, auch aus dem Käfig des Wahns, ist die stete Konstante in meinem Leben. Wenn ich daran denke, dass heutzutage auf Migranten geschimpft wird! Sicher gibt es auch dort solche Schicksale und mein Schicksal ist im Gegensatz zu einem verhungernden Kind oder einer aussterbenden Tierart kein Leid. Betrachte ich aber, in welchen Wahnsinn und welche Verunsicherung mich meine deutsche, gutbürgerliche Familie geschickt hat, und welche Macht alleine mein Vater, aber auch alle anderen in der Familie auf mich ausübten, merke ich mit Nachdruck an: Sie alle sind studierte deutsche Akademiker, die ein unschuldiges Kind primitivst missbraucht und misshandelt haben. Ist das unsere deutsche Leitkultur? Ich selbst würde in einem Nazideutschland wegen meines Wahns vermutlich als eine der Ersten vergast werden und deshalb möchte ich als Kind der achziger Jahre in Deutschland sagen: „Hört auf, die Splitter in den Augen der Migranten und behinderten

Menschen sowie der Außenseiter zu sehen, seht eure eigenen Balken, ihr Mitläufer und „In"-Leute. Oder könnt ihr schon gar nicht mehr hinsehen und ersetzt nun den Selbsthass durch Fremdenfeindlichkeit?" Ich bin von klein auf bis zum letzten Teil meiner Geschichte, die ich erzählt habe, diskriminiert, diffamiert und verfolgt worden – in der Realität ebenso wie in meinen psychotischen Wahnvorstellungen. Ich habe an dieser Stelle nicht alle Wahnepisoden geschildert, doch die, die durch meine Täter ausgelöst wurden, und die Inhalte, die ich nicht verstanden habe, habe ich an dieser Stelle dokumentiert. Hiermit schließe ich die Ausführungen über Erlebtes und Ersponnenes und gehe erleichtert in ein Leben, das hoffentlich noch lange nicht zu Ende ist. Denn mittlerweile bin ich mit Mike verheiratet; wir führen ein schönes Leben mit einem gemeinsamen Kind, diversen Tieren und einem eigenen Haus. Mit Baustellen, aber schön und allein schon, dass die erste Klinik recht gehabt hatte, kann ich nicht bestätigen, so sehr sich auch all die von mir als Andeutungen und versteckte Hinweise gedeuteten Zufälle häuften und sich in meine Seele fraßen. Heute ziehe ich mir keinen dieser Schuhe mehr an und bin gerne ein Vorbild für alle, die auch einen Weg aus dem Irrsinn, in den andere sie getrieben haben und in dem sie sich letztlich dann auch selbst verlaufen haben, herausfinden wollen. Ich habe sicherlich viele Zeichen gedeutet, die in Wirklichkeit nichts zu bedeuten hatten, aber anhand der „Botschaften" setzte ich mich mit existenziellen Fragen auseinander und drang in Grenzbereiche meines Verstandes vor, die mir noch heute – wo ich zwar nachts noch manchmal Angst habe, gelegentlich glaube, die Gedanken anderer zu hören und ich nicht mehr so viel arbeiten kann – das Gefühl geben, dass ich mich damals mit etwas Wichtigem auseinandergesetzt habe. Mit Themen, die hoffentlich nicht alle Missbrauchsopfer so erleben und verarbeiten. Danach erlebte ich zwar noch zwei Manien und war jeweils lange in der Klinik, doch bis auf die Tatsache, dass mich jemand aus der Familie offiziell für einen kleinen Teil dieser Zeit gesetzlich vertrat und meine Familie so in die Beziehung mit Mike hineinhetzte, dass wir uns für drei Jahre trennten, passierte mir dann nur noch ein Unrecht. Da ich nach der Schwangerschaft eine Psychose bekam, war ich in der Arbeit unpässlich und gab als Grund eine Depression an. Sobald ich zurück in der Arbeit war, wurde ich von allen gemobbt. Leider musste ich deshalb einen Job, für den ich acht Jahre studiert hatte, aufgeben. Doch das fiel mir leicht. Denn im Beruf als EXIN-Genesungsbegleiterin fühle ich

mich wohl und angekommen. Ich habe mich „ge-
outet" und arbeite gegen Stigmatisierung, denn
ich bin ein Mensch, der lacht und lebt und atmet.
Auch der Wahn macht Sinn. Zu Unrecht wurde
und werde ich stigmatisiert. Ich bin viel mehr als
die Geschichte, die hier steht und deutlich mehr
als alles, was mir meine Umgebung vielleicht ab-
lehnend gespiegelt hat. Ich bin in vielen Teilen
gesund, gesundet und insgesamt liebenswert.
Dies alles habe ich trotz aller Hindernisse lernen
können. Wie, das werde ich vielleicht einmal an
anderer Stelle dokumentieren. Denn hier wurde
festgehalten, was mir zu Unrecht widerfahren
war, und angedeutet, was daraus entstanden ist.
Seitdem ich meinen jetzigen Beruf ausübe, bin
ich gewachsen und sehr viel selbstsicherer und
ich habe genug Zeit für unseren Sohn, auch
wenn ich vom Bildungsbürgertum zum Hilfsar-
beiterstand gewechselt habe. Trotz meines Un-
glücks bleibt festzuhalten, dass ich zu Unrecht
wegen meiner Psyche und meines Schicksals gemobbt wurde und das vielleicht schon mein Leben lang und zwar, um es mit Nachdruck zu sagen, von der deutschen Gesellschaft. Migranten
waren noch nie so verletzend zu mir gewesen
wie gute deutsche Bürger unserer Zeit. Beinahe
hätte ich mir das Leben genommen, doch nun

bin ich da, um Zeugnis abzulegen über Missstände, die unter uns bestehen. Das Unrecht, dass in unserer Gesellschaft existiert und das ich beispielsweise erlebt habe, kann nur von allen gemeinsam aufgelöst werden.

Ich habe mittlerweile allen verziehen. Doch Verzeihen heißt zu Recht nicht vergessen.

Ende

Zeitfracht Medien GmbH
Ferdinand-Jühlke-Straße 7
99095 Erfurt, Deutschland
produktsicherheit@kolibri360.de